狩　　獵

喬林詩集 3

喬　　林著

文 史 哲 詩 叢
文史哲出版社印行

國家圖書館出版品預行編目資料

狩獵：喬林詩集.3 / 喬林著 -- 初版. – 臺北市：文史哲, 民 96.09
面： 公分. --（文史哲詩叢；78）
ISBN 978-957-549-730-9(平裝)

851.486 96016753

文史哲詩叢 78

狩獵：喬林詩集.3

著者：喬林
封面設計：周孟曄
出版者：文史哲出版社
http://www.lapen.com.tw
登記證字號：行政院新聞局版臺業字五三三七號
發行人：彭正雄
發行所：文史哲出版社
印刷者：文史哲出版社
臺北市羅斯福路一段七十二巷四號
郵政劃撥帳號：一六一八〇一七五
電話886-2-23511028・傳真886-2-23965656

實價新臺幣二八〇元

中華民國九十七年（2008）五月初版

ISBN 978-957-549-730-9

喬林詩集：狩獵　目錄

第二輯 生活文章

第五輯　野地詩抄

第六輯　異　相

修訂版自序

本詩集初版於一九九三年六月，由基隆市立文化中心出版，列爲〈文學薪火相傳—基隆市地方作家作品集；五〉。誠如應鳳凰教授當時在中國時報人間副刊所發的〈作家動態—喬林狩獵詩作〉新聞稿所稱：「詩集印得漂亮典雅，可惜錯字太多，令人扼腕。」可能承辦人不諳印書作業，排版中亦未經作者校對，以致錯字、錯段、版面處理等等都出問題。一首短詩不過那麼些個字、一二三段文字，因此對於一首詩未能依原作完整的把它印出，這事態就可能有些嚴重。經詢文化中心，版權仍屬我所有，我可自由處理，故就一直想修訂再版，但一直不得閒。如今自職場退休，終得有時間進行修訂。

本次修訂，除了訂正錯字、錯行、錯段及整理各頁之版面編排外，在詩作的頁次排序上也做了分輯調整，如寫「越戰印象」的詩，集合在一輯，這樣在詩題的排版上就好處理些。

另外要借此說明的是，在〈一九八二年紀事〉乙詩附錄向明先生所撰〈僅止於想想的詩人〉乙文，第四段提及我前已出版有《象徵集》、《煙的眼睛》、《精緻的喟嘆》⋯等詩集，前述這三本詩集也常在另些介紹我的文章裡被提及，按此都是我的錯，預告了但皆未出版。此是因，我早期有十多年歲月，都從事施築新建工程的工作，一個工地一個工地的遷徙，身邊無法帶太多的物件，故想是想結集但都沒辦到。至今經過二次搬家一次房屋整修，剪貼簿有一二遺失，再者，早期可薄薄三四十首詩便出一本詩集，現在已不可見，因此準備侍再蒐集遺失作品後合印一集，以資留存。那麼這本詩集就應該列爲我的第三本詩集。已出版之《基督的臉》、《布農族詩集》、《文具群及其他》分別是第二、四、五本詩集，《喬林短詩選》不計數。特此說明也減少一點內疚。

本次修訂仍有遺憾，就是一些詩作的寫作日期及其發表刊物，剪貼簿上竟未曾記載，故只能大致推估寫於某年。

初版自序

這本詩集是已收集在「布農族」「基督的臉」「文具群」等詩集以外尚未結集出版的作品選集。寫作時間自五十二年至今，已近乎縱貫我的整個寫詩歲月，亦因此多少展示了我的作品全貌。如何全貌，趙天儀教授的「從現實性到即物性旳表現——論喬林的詩」一文，可資參考，因此徵得同意作爲本詩集的序。

我嘗言，寫詩有如吸毒，一沾上，一輩子便很難戒掉，三十來年了，我仍執迷於詩，並不例外。要勉强說有例外的話，當是詩友給我的厚愛與鼓勵特多，今將一些詩友對於本詩集中單首作品之評文附錄於作品之後，一藉此感謝留念，一亦可讓讀者從中瞭解是時的詩潮流風，方便貼身拙作進而穿堂入室。

附錄中之笠詩社「作品合評」宜說明：按笠詩刊自第一期起即設有「作品合評」專欄，每期收稿後取較佳五首，刻臘紙油印召集合評。因不署作者名，不留作者筆跡，故評者可因不知作者是誰而有顧忌，能自由開放的講評，因而從中可見評語之眞。此其有二面意義，一是作品眞如評語，一是評語眞確的展現評者的評詩水準。因此合評不僅在檢驗作品，亦在檢驗評者的能力。對於所有的參與者都有助益，可惜後來因有受評者不能領受不好的評語而停辦。

而我，一個初闖詩壇第一次投稿笠詩刊，便被選爲合評作品，爾後且接而再之，鼓勵之大，至今仍甚感念，故予附錄。

本詩集之作品排序，係自近作而往前。此是想，三十幾年來整個詩壇之風尙流變，其速度之快前所未有，因而以目前較爲讀者所面熟的詩藝作品見面，再而溯往攬境，一路風味可能更可體會。我總認爲要深切的體會一首詩，僅止於讀一首詩是不夠的，要多讀一些該一作者的作品，而且要有一時間序列的閱讀，如此，對於一首詩的體會便會豐富些。

但仍有遺憾，有些作品因無留記寫作日期，只能依據大約記憶；還有一些作品因平時疏於留存，一時無法找回歸隊。這些遺憾有待將來有緣陸續再與原稿或發表刊物相遇時，再做補正和補充。

取詩集名爲「狩獵」，並非對於詩集中這首詩有特別的厚愛，而是認爲一個詩人對於身邊的事物應有狩獵般的靈敏嗅覺，而在詩的書寫方法上亦要有狩獵般的執意發現。這是自我寫詩以來一貫所持的信念與態度，因此從本詩集的諸作品中可以處處見到那種搜索追逐的足跡。

最後要感謝基隆市立文化中心給予本詩集出版的機會，以及支援出版事務的朋友，使得這些就要塵封的詩作得以面世。

從現實性到即物性的表現

——論喬林的詩

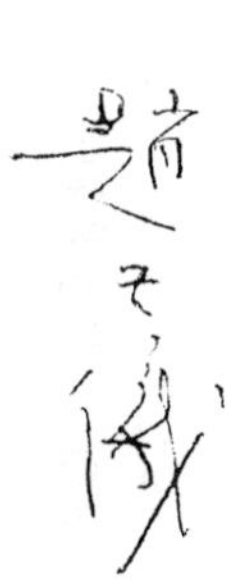

衡量一個人，品評一個人，外在的因素容易被認識，內在的因素則往往被忽略。所以，同一個時期出發的詩人，有的名氣很大，有的名氣很小。名氣雖大，作品如果不夠結實，那就浪得虛名。名氣雖小，作品如果質量都夠，也不怕沒有知音。

喬林，本名周瑞麟，一九四三年生，臺灣基隆人。他從蘭陽平原出發，在朱橋主編的「青年雜誌」與陳錦標主編的「海鷗詩頁」發表了一些早期的作品，從「笠」到「龍族」，則爲他參加詩社的歷程，他主要的作品，發表在除了上面所述的刊物以外，另外多半發表在「葡萄園」、「秋水」、「創世紀」、「臺灣文藝」等刊物上。詩集已出版的有「基督的臉」一種，但是，尚未出版者，則尚有「象徵集」、「布農族」、「文具群」等多種。作品被選入「省籍作家選集：新詩集」、「七十年代詩選」、「中國新詩選」、「龍族詩選」、「華麗島詩集」、「感月吟風多少事：現代百家詩選」等等。（按：尚有當代台灣詩人選，亞洲現代詩集《日本》、臺灣現代詩選《香港》、臺灣現代詩選《美國》，創世紀詩選，藍菊園詩選，秋水詩選等）曾獲民國五十五年全國優秀青年詩人獎。

因爲喬林在榮民工程處服務，經常離家，穿梭在山林裏，有一度還奉派到沙烏地阿拉伯服務。除了他的工作必須到深山林內奔波以外，他跟詩壇的許多詩刊，只保持淡淡的友誼，自我行吟，自我靜觀，自我探索。從他發表作品的園地與態度看來，也可以看到他的執著與淡泊的心情。他多半只從事詩的創作，評論只是偶爾爲之，除非有不吐不快的時候。因爲他評論的文章不多，我們不容易看出他明顯的詩觀，但是，我們可以嘗試從他的作品中來探索他的詩觀，他的創造精神。

在「笠下影」評論喬林的詩中，喬林曾經說：「詩是暴露問題的那一裂痕。它給予讀者的快感即居於那驚心動魄的裂痕的袒露。詩人應該具有愛力與抗力的雙重修養。問題發生的背景即詩人所注目中逐漸掙扎提昇的人的意義，而與生俱來的那等愛力抗力的交錯發生。」也許可以代表喬林的一種詩觀罷！

早期喬林的詩作，語言比較艱澀，有時文白參雜，有時對偶疊詞很多。在「笠」發表作品以後，他也接受了批評的挑戰，在不斷地調整自己的步伐以後，他又跟詩友林煥彰、施善繼等在「龍族」活躍，「基督的臉」便是那時的結集之一。他近期的詩作，語言比較開朗，白話化的傾向非常顯著，對偶或疊詞的語法雖然還是不少，但是已經比較順暢而活潑。就詩的創作來說，喬林常常點到爲止，有意以點來暗示面，以有限來象徵無限，他的詩風，自成一格，有點乾瘦，有點短小精緻，有點意象的閃爍，所以，他應是一道潺潺的山澗，雖然偶爾挾帶一點泥沙，但是，畢竟清淡有緻，由於追求精緻的演出，有時也頗令人愛不忍釋的呢！

茲根據他創作時間的順序，來一窺他的詩作，同時也來咀嚼他在詩中所表現的隱藏的奧義。

試以他早期的一首「棲蘭山之霧」的詩爲例：

白沙盛裝的可立白女郎

微風是舞你的音樂
高山是舞你的劇場
你在山谷以一朵百合般的開放
忽而你在巔上企首遠望

美麗的女郎，你舞動的變幻
使我忘記了征途的塵沙高揚
你那美妙的舞姿
使我如見了家鄉的姑娘

但是呀！女郎
當你走時為何把淚珠掛放
是我的戎裝觸起了你的情傷
是你看到了故鄉在那兒守望

這首詩是民國五十三年七月十五日的作品。當作者在棲蘭山遇到了霧，聯想為「白紗盛裝的阿拉伯女郎」，令人有霧裏看花的朦朧的風味，但是，由於語言明朗，意象透明，音韻鏗鏘，所以，讓我們窺探了這種霧中的變幻，是一首純樸的抒情詩。在喬林早期比較隱晦的作品中，他已有這種爽朗的表現，可見所謂艱澀並不是絕對性的，他早已在默默地探索著一種新的可能。

喬林曾經在「笠」詩刊連載了一系列的「布農族」詩集，雖然已結集而未出書，但是卻另有一番風味，也可以說是他在榮工處從事工程工作的意外收獲之一，試舉他的一首「山路」的詩為例：

一條山路有無數處藏處
或在山澗
或在叢林
或在峭壁的腰際

無數隻的腿只有一條山路
有的抬舉
有的下足
有的彎膝
擁攘的聲音在前面猶未逝去
後者已接踵湧及

喬林在介紹「布農族」中說：「百越族之遺裔。由蜀粵遷竟度每至本省諸羅。又由諸羅入山漸移東部高山，其可發現者爲網紋陶器文化層，打製石斧文化。年代爲公元前一三〇〇年至二五〇〇年間——台東縣志卷人民志。布農族人腿短頭大，膚色黑褐。男多驃悍善戰。壯烈之抗日事蹟甚多。」

「山路」這首詩是民國五十九年三月卅一日的作品。這是「布農族」詩集中的一首，當然，還看不出布農族的生活習俗，然而，卻可以讓我們感受到住在深山林內的山胞的生活環境，是在如此的「山路」中，他說：「一條山路有無數處藏處」，表現了一條山路的周遭複雜莫測。他又說：「無數隻的腿只有一條山路」；一方面表現了山路有而且只有一條，另一方面卻表現了山路的危機四伏，所以說：「有的抬舉　有的下足　有的彎膝」。而在山路中行進的時候，他又說：「擁擠的聲音在前面猶未逝去　後者已接踵湧及」。如果人不在此山中，恐怕不容易體驗到這種境界。

生活經驗的表現，可以成爲詩，也可以成爲散文。然而，詩一方面以生活經驗的現實性爲基礎，另一方面卻又需提昇這個現實性，成爲超現實性的想像。喬林在這一首「山路」的詩中，正證實了詩是現實性經驗的表現，但也是超現實性的想像的飛躍。

喬林參加「龍族」時，曾經在「龍族」詩刊連載了一系列的「基督的臉」，後來結集出書，附有施善繼的解說，蕭蕭的評論。試以他的一首「基督的臉」的詩爲例：

我的眼眶里
沒有淚

我的汗珠里
沒有水
我的鬚髯里
沒有皮肉
我的鼻孔里
沒有呼吸
我的嘴唇里
沒有語言

這首詩是民國五十九年十二月九日的作品。施善繼的解說是這樣的：

『假設A：詩人的意思是他已經完整枯槁了。在某些閃過的片刻裏，一切空無，此時，詩人在靜的狀態中，他以外的事物相對是動的，所以詩人是單一而專注的。這樣於是構成全然的信仰，無上的正覺，詩人祭奠他自己。

假設B：「基督的臉」也許是詩人素描的對象，那麼這十行詩應該是新添的福音，不包括在新舊約經書上的。因爲此時，詩人在喧囂的動態裏，他以許多動點圍剿那幅死寂的臉，詩人因許多動作完成了自己，而在深思熟慮中把他（人）看到的「基督的臉」（神）一下子否定掉了。』

施善繼的想像力眞不賴，依照這首詩的表現方法看來，我認爲喬林是在詩中表現了一種矛盾語法（paradox），在五次同一個語法構造中，表現了詩的矛盾語法，也就是表現了詩的意義性。茲分析如下：

「我的眼眶里
沒有淚」

眼眶里，除了淚，還能有什麼？這是第一句矛盾語法。也許還有一粒沙。

「我的汗珠里
沒有水」

汗珠里，除了水，還能有什麼？這是第二句矛盾語法。也許還有一滴鹽。

「我的鬚髯里
沒有皮肉」

鬚髯里，除了皮肉附著，還能有什麼？這是第三句矛盾語法。也許還有一滴血。

「我的鼻孔里
沒有呼吸」

呼吸里，除了通過鼻孔以外，還能有什麼？這是第四句予盾語法。也許還有毛細孔。當然，鼻孔也可能在呼吸之外。

「我的嘴唇里
沒有語言」

嘴唇里，除了語言發音，還能有什麼？這是第五句矛盾語法。當然，沒有語言的嘴唇，可想像而知，也盡在不言中。

不錯，詩裏常有矛盾語法的表現，然而，矛盾語法的表現，並不等於詩，喬林在「基督的臉」一詩中，巧妙地表現了一種詩裏的矛盾語法，是可以瞭解的。

近幾年來，喬林在「秋水」詩刊，也發表了一系列的作品，那就是「文具群」詩集中大部分的詩作，試以他的一首「鉛筆盒」的詩爲例：

愛有千萬種
我只有一種

那是當鉛筆灰頭灰臉
在外面奔波回來之後
我打開了我的身體
整個的包容他

那是當橡皮滿身創傷
在外頭碰到很多錯字
我打開了我的身體
整個的包容他

還有一些被作爲工具的

在被使用之後
我打開了我的身體
整個的包容他

愛，我只有一種
雖然愛有千萬種

這首詩是民國六十八年十二月十九日的作品。在畬林的詩集中，「布農族」表現了他投到山地行列的一種體驗，「基督的臉」表現了他在山地與平地的奔波之間，有一股淡淡的鄉愁，有一種濃濃的情念，在現實的熬鍊裏，表現了他的矛盾與苦悶。而「文具群」卻從曠野廣大的空間，走到斗室裏的「文具群」，並且有意以這些靜態的日常文具用品，嘗試去探索這些物象背後所代表的空間，而且以一種動態的意象來加以捕捉與表現。

「鉛筆盒」便是這種表現的作品之一，雖然，在即物性的外在輪廓上，他是捕捉了鉛筆盒的意象，然而，在骨子裏，他卻借題發揮。在「鉛筆盒」中，他如此歌詠著：

「那是當鉛筆灰頭灰臉
在外面奔波回來之後
我打開了我的身體
整個的包容他」

這是多麼充滿了愛的胸襟，當一個先生在外頭「灰頭灰臉」、「在外面奔波回來之後」，誰來包容他呢？當一個浪子在外頭「灰頭灰臉」、「在外面奔波回來之後」，誰來包容他呢？在這小小的「鉛筆盒」的即物性的表現上，竟有了這樣廣闊的想像空間，這樣豐繁的詩的多義性。

一個鉛筆盒，一個靜態的物象，產生了這樣的愛的包容性，我可以是父母，可以是妻子，可以是「鉛筆、橡皮、一些被作爲工具」的棲息的歸宿，儘管在外頭「灰頭灰臉」、「滿身創傷」，甚至「在被使用之後」，我仍然包容他，這是多麼令人神往的愛的鉛筆盒，好一個令人著魔的鉛筆盒！

德國現代詩人里爾克（Rainer Maria Rilke,1875-1926）在「新詩集」中，有一首頗爲著名的詩作「豹」，是他在動物園所感受到的，表現了「豹」的神態與精神風貌。喬林也寫了一首關於「豹」的詩，試舉他的這一首「動物園裡的豹」爲例：

滿眼的青山，不是青山
滿路上的人，不是人
我開了窗，又關了窗
我開了門，又關了門
這窗不是我肉體的窗
這門不是我肉體的門

來回在斗室內走著
從地球這頭走到地球那頭
從地球那頭走到地球這頭

世界愈來愈小
腳步聲愈來愈大
我頭也不回的走著

藍天被檻圈在上頭
張望的人們被圈在外頭
眼光全集中在我的身軀上
而我只是單純的在尋找
一扇窗一片門

這首詩是民國七十一年六月四日的作品，表現了在動物園裏的一隻豹，在檻圈內來回地走著，以不同角度、不同位置、不同空間，來襯托出這一隻豹在檻內的無可奈何，雖然他的目的在「而我只是單純的在尋找／一扇窗一片門」，換句話說，他只是在尋找一個掙脫檻圈的路，一條通到自由之路。然而，雖然是這麼單純的願望，面對著檻圈，野生的豹也無法突圍而出。

一方面表現了豹的動態，另一方面也表現了自由的障礙，只有在那咫尺之隔，對豹而言，檻內與檻外便是兩個世界，而我們所謂萬物之靈的人類呢？也許沒有比豹更爲超然罷！

綜觀以上所述，我們以喬林的五首詩爲例，來解析他在詩中所表現的詩的方法，以及他所隱藏的詩的精神風貌，固然尙無法全然地把握，不過，我已嘗試跟著他的方法走，也跟著他的精神走，來窺探他所創造的詩的世界，這個詩的世界，自有他自己的侷限，然而，喬林畢竟眞摯地表現了他所追求所探索的境界，那就是落實在現實性的生活經驗，而且深刻地挖掘那種經驗的深度，同時在他的想像力的飛躍中，從靜態的畫面走到動態的意象，以及一種戲劇性的演出。

在一片回歸鄉土的潮流中，鄉村固然是鄉土，都市也是鄉土，何況我們的鄉村多半已都市化，所以，鄉土的含義不要只限於狹義性的。所以，難道說布農族的部落所生活的土地，就不是鄉土嗎？因此，我們不要把鄉土限制在狹窄的角落裏。在熱衷現實性與社會性的表現者的眼光裏，也許沒有注意到日常文具用品，居然也能表現現實性與社會性的意義。在追求所謂民主、自由與人權的呼聲中，赤裸裸的告白，容易流於口號化，而像「動物園裏的豹」，卻默默地在檻圈中尋找一個自由的出口，這樣的表現，不是更具有詩的魅力和精神力量嗎？所以，喬林雖然一直在孤寂地行吟著，而且也不很熱衷於現實的一些活動，然而，透過詩的藝術性的表現，不也對詩的鄉土味、現實性以及社會性，相對地提出了他的批判嗎？

——《詩人坊集刊二集》（台北：芝柏出版社，一九八二年十二月）

趙天儀：《台灣現代詩鑑賞》（台中市文化中心，一九九七年）

第一輯　釋放

公車裡的生命

在搖搖晃晃
人擠人的公車裏
我拚命的拉著頭上的吊環
並非怕跌倒
而是要抓住我那
又是汗臭，又是酸溜
的一條命
怕一時不小心給溜之大吉

——一九九〇年元月寫

鹹　菜

浸泡在人潰裏
四十多年，濕是濕了些
軟亦軟了些
不過終究是個黃種人
再滲合些甘草粉
黃色中
自有淡淡的甘味

——一九九〇年元月寫

教我如何下筆

該給你寫封信
但，教我如何下筆
長亦不是
短亦不是
怕你笑我痴
又怕你不知情

濃亦不是
淡亦不是
一張空白紙
早已佈滿囈語
揮亦揮不去
理亦理不清
教我如何下筆

——一九八九年二月十四寫

我天鵝般的腳

天已黑
燈已亮
綁我一天的鞋
就可以脫下了，可是
還要擠二趟公車
走十幾分鐘的路
才能到家

汗濕
燜臭
還要繼續蒸我
這二隻像天鵝般的
腳

——一九八三年十一月十八寫

釋放

走出辦公室
躲開主管的視線
我打開胸腔
釋放了囚禁多時的鳥

走下公共汽車
我深吸了一口空氣
打開胸腔
再釋放了一次鳥

眞不知道這鳥竟繁殖得這麼快
應該已空空了的胸腔
猶吱吱喳喳的擠滿鳥
噪得我輾轉難眠

——一九八三年十一月寫

附錄

「當代臺灣詩人選一九八三年卷」賞析

李魁賢

從胸腔釋放出鳥，令人聯想到已故詩人吳瀛濤的詩「天空復活」。不過吳瀛濤的鳥是「生命」的象徵，喬林這裡的鳥，似乎暗喻一般悶氣（「鳥氣」），想一吐爲快。可是，沒想到「借酒澆愁愁更愁」，反而有更多的悶氣湧上來，從自我內心裡的觀照呈示了生活的無奈。

——郭成義主編《當代台灣詩人選一九八三年卷》
（台北：金文圖書公司一九八四年）

四十種花樹

我在生命裏種花
　植樹
四十年了
我在生命裏這一塊五六坪大的庭院裏
用心的養花
　護樹
花已開過了幾十遍
樹也長得幹高葉茂
就是沒飛來過一隻蝴蝶
　沒飛來過一隻鳥
莫非是我心裏頭一直爆響著
槍聲、炮聲和

掠空呼嘯的戰機聲
驚嚇了牠們

——一九八二年十一月十五日寫

附錄

《當代臺灣詩人選一九八三年卷》賞析　李魁賢

花樹不種在土壤裡，而種在生命裡，顯示了象徵上的意義。而花樹本來可以招蜂引蝶，結果卻一無所有，顯示了委屈與落寞。在生命裡種花樹，本來就是形而上的，卻以「這一塊五、六坪大」的形而下限制語加以規範，造成關聯上的矛盾，激發思考。

——郭成義主編《當代台灣詩人選一九八三年卷》
（台北：金文圖書公司一九八四年）

影　子

有如一隻惡犬
緊緊的咬著我的褲管不放
我走到那兒追逐到那兒
不在我的體外吠叫
卻在我的心裡吠著
有如一場惡夢
一吠就是四十年

每一處裡的空氣
都是一扇扇高貴的銅門
緊緊的關閉著
外貼：「內有惡犬，閒人莫入。」
我只是門外永遠的路客

沒有入內，也非閒人
你也非銅門內的惡犬
但你卻一直追逐著咬著我的褲管
尺步不放

——一九八二年十二月十一日
為步入四十歲而作

一九八二年紀事

——為撤退來台的不能回鄉的孤獨老兵而作

在回家的紅磚道上
一片不知名的葉子
突然自人群中撲身向我
拉著我冷凍的手
好像有什麼消息要探問
又
好像有什麼話要說

本來有百來隻手的樣子
看來那已掉了一半葉子半禿的身子
滿身子的灰塵
灰塵下一隻青筋暴漲的腳板
緊緊的抓住所站的那塊泥土

原想問你另一腳呢
話到喉說不出口
呵！原諒我
原諒我掉頭就走

——一九八二年八月寫
《台灣文藝》七七期，一九八二年十月

附錄

僅止於想想的詩人

——淺談喬林的〈一九八二年紀事〉

向　明

台灣的現代詩自從早年由紀絃、覃子豪等幾位前輩披荊斬棘的大力提倡發揚後，從此詩的火種到處燎燃，不分地域，不分年齡的詩人風起雲湧的爲現代詩獻身，爲中國詩文學的延續開花結果。現在，現代詩幾乎已普遍爲年青人所接受，甚至很多小學生也在學寫現代詩。卅年來台灣的文學如果要以影響和成果來論，現代詩的收穫無疑要較其他文類來得豐富。

在現代詩的成長期間，由許多興味相投詩人所組成的詩社扮演了很重要的角色，很多詩人在早期的摸索期間所寫的作品多半都是在詩社所辦的詩刊發表，然後才慢慢向報紙及文學雜誌進軍。一條詩的道路就是這樣的走了出來。其間艱苦辛酸，所耗費的時間精力，眞是鮮爲外人所能瞭解，何況並不是每個人都能那麼幸運的闖出道來，又何況並不是每本詩刊都能維持長久而不輟。像這樣的情形，一個詩人要成功的爲大眾所知就更難了。目前詩壇像這樣不夠幸運的詩人很多，現在先介紹一位詩人喬林。

喬林本名周瑞麟，本省基隆人，一九四三年出生，中國市政專校土木科畢業。在空軍服役期滿後，即轉入榮工處服務。曾經參與北橫及南橫公路、核能電廠、自強隧道、沙烏地阿拉伯的麥加至泰府（夏都）公路興建。直至近年才調回榮工處服務。喬林寫詩的起步非常早。民國四十七年即開始發表作品，曾襄助早年在宜蘭青年救國團主持「青年雜誌」的朱橋（已故幼獅文藝主編）主編學生版。民國五十三年六月由省籍詩人們所創辦的「笠」詩刊成立，喬林於翌年也加入該社，這段期間喬林大部份作品都在這本詩刊發表。六年以後，也就是民國六十年元旦，喬林與林煥彰、林佛兒、施善繼、辛牧、陳芳明、蕭蕭等當時年青一代的佼佼者組織了龍族詩社，出版龍族詩刊。他們取名「龍族」，顯然是欲肯定中國一脈相傳的詩傳統，對當時迷失於西方詩潮流的台灣詩壇的一種反動。這種取向，在當時的詩壇確實產生了極大的回響，尤其該刊第九期出版的「詩評論」專號，在詩壇內外各種檢討意見表達下，給以後的詩風帶來極大的匡正作用。喬林的一本詩集「基督的臉」的四十首詩，即是從龍族的創刊號起陸續刊載。但是龍族在出刊至十幾期後，即因主將陳芳明的去美，林佛兒，辛牧等的創作減少，以及其他幾位同仁的改向別的興趣而停刊。喬林自此也創作銳減，有好幾年幾乎聽不到他的聲音，直到他的「文具群」這一組廿五首詩相繼在秋水詩刊上發表，喬林才重又活躍於詩壇。

喬林曾經出版過五本詩集，分別是「象徵集」、「煙的眼睛」、「精緻的喟嘆」、「布農族」和「基督的臉」。作品曾經入選過「省籍作家選集」，「七十年代詩選」，「華麗島詩集」，「八十年代詩選」，「亞洲現代詩集」。曾於民國五十五年詩人節與施善繼、林煥彰等同獲全國最優秀青年詩人獎。喬林寫詩早年也曾被詩壇的一些奇巧所吸引，寫得很前衛，但不故

年後，他的覺醒使他反而厭惡什麼現代，什麼技巧，他認爲那是些嘈雜的聲音。他的詩觀也很近人。他認爲「詩必需要有人味，不管那人是汗臭或其他非可嗅之的抽象味道，都是詩人用以拿給讀者的人味。」在寫作的方法上，他認爲「要駕馭文字，而不要讓文字反過來駕馭自己。」另外喬林也是一個非常執著的詩人，他曾經在龍族詩刊第十三期上寫過一篇題爲「僅止於想想」的諷刺性短文，副標題是「試談詩人企業化」。他認爲在一切講究企業經營的今天，詩人這一行業也需有企業頭腦，設法推銷自己，才能揚名立萬。並且舉證這種手段，古已有之。但是他雖明知此道，卻始終止於想想而已，從來沒有付諸實施。也就難怪他永遠不能成爲一個流行詩人了。

本文所要介紹的這首「一九八二年紀事」是在上個月（十月）才發表於臺灣文藝第七十七期。可算是喬林最新的一首作品。全詩如下：

一九八二年紀事

在回家的紅磚道上
一片不知名的葉子
突然自人群中撲身向我
拉著我冷凍的手
好像有什麼消息要探問
又
好像有什麼話要說

本來有百來隻手的樣子
看來那已掉了一半葉子半禿的身子
滿身子的灰塵
灰塵下一隻青筋暴漲的腳板
緊緊的抓住所站的那塊泥土
原想問你另一腳呢
話到喉說不出口
呵！原諒我
原諒我掉頭就走

為了多瞭解一些喬林的詩風，在分析這首詩之前，對喬林過去作品予一簡單回顧，似乎是很有必要。老實說在早期喬林的詩中是空想多於生活的，很多詩都跡近純粹的表現，在概念多於感性的情況下，使人有難於進入之感。現在我們再去翻七十年代詩選中他的那些作品，便會有此感覺。但是在他把生活伸向山林曠野之後，他的生活同時也反映到了他的詩中，使得人讀來親切感人，像《基督的臉》這本集子中的詩，就好像變得不是從前喬林的面貌。但是《基督的臉》那些反覆重疊方法的一再使用，又容易使人誤認為那是一種技窮偷懶的表現方法。好在喬林自我覺醒得很快，到了「文具群」這一輯詩，他已經老練得可以揮灑自如，隨心所欲的寫法了。而到近期的詩更是視野擴大，表現豐盈起來。這首「一九八二年紀事」便是他最新的面貌。

題爲「一九八二年紀事」，事實上詩中所要表達的祇是一樁事情，祇不過是秋天裡的一片落葉打在他身上的一種感觸。記得名詩人周夢蝶也曾有過類似的經驗，在周的「秋興之二」（刊藍星詩刊新五號）這首詩中，一片落葉即曾以一種信息，一種生生世世糾纏不清的牽扯，憂煩過人。但喬林的反應是不同的一片葉子引起的關懷，是不堪聞問，是人事滄桑的悲涼。

詩的第一段是容易理解的。但到第二段的突然情境逆轉就費點思量了。「百來隻手」應該即是好多葉子的暗喩吧？同是淪落的一群呵！但是後面卻是秋樹本體的描寫了，好快好突兀的跳剪，讀者得使出一點聯想力；聯想一株葉子落得快光，風塵滿面的路樹，盤根錯節的立在那裏，就好像是一個在人海裏打過滾的人，光著一隻青筋暴露的腳板定定的站在秋風中。這個時候那片撲向人的葉子所表現的和風塵滿面路樹所象徵的就都是同位一體了，都是生命茫然莫可奈何的景況。

詩的第三段，詩人藉「原想問你另一腳呢」來表示關懷。但景況已是如此，秋就是一個開始凋零殘缺的季節，生命的遞變已經不是一句關懷可以挽回，詩人的自覺使他把到喉頭的話咽了下去，祇好忍心的掉頭就走。使讀者留下了滿心的悵惘。

讀過了這首以「一九八二年紀事」爲題的寫秋的詩，讀者如有興趣不妨再去翻看七〇年代詩選中他的那首「秋之樹」，便可看出對幾乎是同一題材的處理，喬林在這十多年中，對詩所作的努力，以及他豐盛的收穫。

——《中華文藝月刊》一四二期，一九八二年二月。

我熟悉而陌生的臉

誰在門口向裡頭望
一個熟悉而陌生的人

那人的臉
是我純眞無邪的臉
在我懂事時出走
不知去向

如今我已老弱無力的臥在床上
在安靜的滴答鐘聲裡
回憶以往，以及
我的臉

他才驀然出現
且，猶不等門進來

十二條通

深夜
在已沒有人跡的十二條通
幾條狗挨家挨戶的扒開門前的垃圾袋
偵察
又翻又嗅的挑那骨頭
另有幾隻貓也忙著找腥味
還有老鼠，隻隻，不知多少
穿來穿去

折騰了一整天的十二條通
正想伸腿閉眼休息
這些小動物又擾鬧了起來
怎麼耐得這般折騰
剛打完哈欠
天又亮了

——一九八二年寫
《詩人坊集刊》三期，一九八三年二月

黃昏

血自天空的腋下噴出
很快的便渲染成一大片
被流彈射傷的天空
慌張而吃力的揮動著雙翼

盤旋又盤旋
盤旋又盤旋
要找塊落腳的地方歇息

地面上排滿房子
僅剩的一些空地，也炮火交織

因失血而膚色轉黑的天空
乏力的盤旋
而後一頭墜壓向我

——一九八二年七月十八日寫
《創世紀詩刊》五九期，一九八二年九月

烈日高懸

叫不出聲來的天空
肥大的手臂，無力的
一隻攤擱在我的胸口
一隻攤擱在屋簷
紅腫的瘡泡，烈日高懸
把四週的膚色拉得白裡透紅

地不種樹，植煙窗
河不流水，跑汽車
房子一堆堆的壘著
以前的石頭，沒這麼多

天空仍然高高在上
只是現在在燙熱的長膿發炎

我仰望著從不生病的天空
頻頻拭汗

——一九八二年八月十八日寫

枯　樹

冬風刺刺
光潔的白骨隱約可見披衣飄展
上半身已沒入時間
剩下的半截斷臂猶固定的
指著衝鋒攻擊的前方
已忘了是清朝或民國
雙腳緊併
面前空白一片，老天離得很遠很遠

妻來信說
小兒已學走路
小女會誦四書

家書還說：母親康健
小兒的小兒已去美留學

時間已自峰頂下退
風雨聲、吶喚聲在杯酒裏迴響
唉！將軍，乾盡這杯

——一九八二年七月十三日寫
《創世紀詩刊》五九期，一九八二年九月

老鴉

多清朗的天空
然而已開始陰暗
青翠的山脈也漸變黑

我繞著圈子，來回的忙著
忙著一面用羽毛收集夜色
忙著一面猛搧著落日
要它不沉不滅

來回忙著繞圈子
我不曾想過會有你在窗前看我
而且只有那麼一間竹屋
在曠野的一片綠叢中藏著

——一九八二年八月十三日寫
《創世紀詩刊》五九期，一九八二年八月

動物園裡的豹

滿眼的青山，不是青山
滿路上的人，不是人
我開了窗，又關了窗
我開了門，又關了門
這窗不是我肉體的窗
這門不是我肉體的門

來回在斗室內走著
從地球這頭走到地球那頭
從地球那頭走到地球這頭
世界愈來愈小
腳步聲愈來愈大
我頭也不回的走著

藍天被檻圈在上頭
張望的人們被圈在外頭
眼光全集中在我的身軀上
而我只是單純的在尋找
一扇窗一片門

——一九八二年六月四日寫

我還是要上路

舖設柏油的路　縱縱橫橫
愈來愈多
舖設柏油的路
速度愈來要求愈快
走路的腿，愈來愈沒用

我斷了的腿
已貼上好鋼板，釘了鋼釘
接好了
我還要上路

我還要上路
走過一條又一條寬大的柏油路
縱縱橫橫
雖然踏出的步幅愈來愈小
我還是必須上路

一九七八年七月八日寫

籠　鳥

1

已經忘記
起飛的姿勢
卻經常聽見
體內翅膀撲動的聲音

雲團不斷的在腹內翻滾
風速加速的自鼻孔呼出
山尖、屋頂、日頭
都成了惡性的瘤
忽而長在腋下
忽而長在咽喉

在籠裏來回走著
踩那身影

不再極大極小
給定了型
永遠纏住足
踩不碎的身影

起飛的姿勢
雖已忘記
然而鼓動翅膀卻是生命的證實
小小的竹籠
折斷一支支毛羽
撕心的裂痛也是欣喜

——一九七六年六月四日寫
《笠詩刊》八六期，一九七八年八月

籠中鳥　2

活著
是要飛行
站著
是要飛行
望著
是要飛行

天空闊遠
氣候正好
溫度正好
風速正好
什麼多好

就是　猶近猶遠
吱吱叫聲難受

應該有一群
遍遍尋覓
不見隻影

天空眞好
山水眞好
空氣眞好
速度眞好
什麼多好

就是
活著
站著
望著
不能飛行難受
難受　難受

——一九七八年七月十七日寫
《笠詩刊》八七期一九七八年十月

他佇立在街道的一邊

他佇立在街道的一邊
大巴士向左邊開過。小轎車向右邊開過
小轎車向右邊開過。大卡車向左邊開過
油罐車開過。救護車開過
開過。開過。車。車。車
樹佇立在街道的一邊

他瞪著對面的樹
自根部以上一大截被車呼嘯掠劫而去
一次再一次再一次
樹瞪著對面的他
整個的被車呼嘯掠劫而去
一次再一次再一次

他找著車與車間飛去的空隙
看樹
樹找著車與車間飛去的空隙
看他

——一九七七年五月十一日寫
《笠詩刊》八十期，一九七七年八月

家鄉的泥土

水泥地　紅塊磚
混凝磚　柏油
還有柏油
家鄉的泥土
不見了

家鄉的泥土
被隱藏在都市里
他有很多的種子
可以冒出芽來
他有很多蟲聲
他是故鄉的泥土

家鄉的泥土

在隱藏的都市里
會是什麼樣子
車輪傳給柏油混凝土層
再傳來的輾壓後
會是什麼樣子

家鄉的泥土
在看不見的地方
在摸不著的地方
不知什麼樣子

——一九七七年寫

河水依舊那般流著

河水依舊那般的流著
童年的時候如此
少年的時候如此
青年的時候如此
如今壯年了也如此
依舊那般的流著

然而
我站的位置
我站的姿態
已非依舊那般

如今我的體內也有一條河
河也一樣的有水流著
只是它沒有來源
沒有出口

——一九七七年寫

在午夜後

在午夜後的夜色里
路燈朝著咯咯的聲音
左右二排的走來
等走近了
又不屑一顧的走了過去

在廿米的大道上
我獨自無力的用皮鞋
一句一句的敲著土地
靜默的敲著土地

這時刻的天氣多麼的甜蜜
安靜的歇息
貓的姿態一般
溫暖的肌膚，溫暖的毛

而我
猶需獨自的走路

——一九七六年十一月寫
《詩人季刊》七期，一九七七年元月十五日

人行道的悲歌

前面的一隻鞋剛提起
後面緊跟著一隻又補上了
一起一落
一落一起
接續著沒個完

我的身上密密麻麻的
全踩滿鞋
叫我看不著天也看不到日
我這一輩子沒天沒日

就是擦得再亮的鞋
也總帶點灰塵
在我的肌膚上抖落一些

灰塵總必是：
又灰又塵

這就走吧！
看它能夠走多久
這就來吧！
看它能夠來多少

——一九七六年五月寫
《秋水詩刊》十一期，一九七六年七月

街景。佛說：有漏皆苦

或乘巴士或坐轎車或走路
或塵灰也行色匆匆

往東也不是
往西也不是
往南往北都不是

一下子湧向這兒
一下子湧向那兒

在眼看四週沒有人注意的角落
我小心的再踩一踩站著的土地
我小心的再仰頭看一看天空

——一九七五年元月寫
《笠詩刊》六五期，一九七五年二月十五日

您的形象

遠遠的，遠遠的，我看見一風暴步入您的眼中
遠遠的，遠遠的，我看見一風暴步入您的耳中

站住。而向前疾奔
向前疾奔。而站住
站住。而向前疾奔

遠遠的，遠遠的，我看見一太陽擊向您的頭
遠遠的，遠遠的，我看見一月亮擊向您的額

您還站著
您還得向前疾奔

——一九七二年元月廿五日寫
《龍族詩刊》九期，一九七二年五月

公車站

這里的眼睛都在看望著
公車的到來
男的女的公務員工人
甚至三歲的小孩
公車站牌的左邊有間電話亭
親切的紅色裝飾有如
剛從機械廠出來冷漠的友人

所有的眼睛都在看望著
公車的到來
愈來愈多
死魚一般晶亮呆滯的
集合在什麼天就什麼天色的
起重機吊桿下

——一九七一年四月卅日寫
《龍族詩刊》二期，一九七〇年六月

人的神話

人呢？
一枚在公路下作事的石頭
很奴隸性好奇的探出頭來
而又不得不急切的縮回去
車就呼嘯而過

人呢？
一棵曾經翠綠過
而現在也翠綠著的道樹
在一部什麼車子急駛過的
旋風給扭轉過身子來時
張開著驚訝的嘴

人呢？人呢？
所有的播音器追問著

——一九七一年四月廿八日寫
《龍族詩刊》二期，一九七一年六月

第二輯　生活文章

陀 螺

把身體一次一次的交給
繩索、捆綁
只爲了站起來

昏天暗地
忙著團團轉
只爲了不倒下來

我固執於
鐵鑄的姿勢
雙腳規規矩矩的併攏成
一根鐵棒
直直的直通心臟

倒了，再站起來
站起來了，再轉
在這頑固而鑽不穿的土地上
我唯一堅持的只有這麼一點
雙腳併攏，規規矩矩的
永不讓某一隻腳跨出

——一九八二年寫

爸爸回家吃晚飯

當我兩條腳中的一條腳
剛跨進家門
埋著頭在整理飯桌的妻
就喚：開飯了
她頭都沒抬

她沒看到我只剩下半截身軀
按時下班回來
上半截還坐在辦公室聽訓

而孩子們不動的坐在沙發上
死盯著螢光幕上的大力水手
不是說：爸爸回家吃晚飯嗎？

——一九八二年寫

拔河

雙手緊緊的抓住家門
就怕一放手家就飛了

雙腳緊緊的趕路
就怕一停下來路就斷了

我的頭顱就只有在中間
又轉前又顧後
盯著家門盯著路
又要不斷的低頭看著我那愈拉愈薄快要成風的身體
不勝兩邊拔河

——一九八三年寫

洗手

骯髒的手
抹上肥皂後
天就黑了

夢與水一樣
不乾淨的粒子沉澱後
死去的手便游動了起來

——一九八一年九月廿五日寫

生命

路黏著鞋，鞋黏著腳板
腳板黏著骨頭，骨頭
掛著一顆蹦蹦跳的心
的旗
迎風飄展的旗

——一九八一年九月廿五日寫

以前與今天

以前我沒想作什麼
只想望一望她
以前我沒想說什麼
只要和她說一說話

今天望著她牽著一個小孩
從對街走過來
我卻怎麼也說不出話

——一九八〇年三月寫

今天和明天

以前我握著您的手，對您說
今天就會過去
明天就會到來

現在我握著您的手，對您說
今天已經過去
明天已經到來

當我們都已老了的時候
我再握著您的手
不知將如何對您說
那時的今天
和明天

——一九八〇年三月寫

黑影與白影

一顆顆花生
往嘴里塡
一塊塊豆腐干
往心里塞
舉起小酒杯
把今天明天後天
一仰乾掉

礦石燈張貼在左側牆上的
我那放大的黑影
一閃閃的
看著小吃攤的老闆
把我的臉攤展在俎扳上
快刀剁成細條

往滾水里燙熟
「老板別那麼多
就來十塊錢
今天口袋里沒有幾個」
黑影說。

——一九八〇年三月寫

六八年五月九日日記

下班回到燈亮了的家
把僅剩輪廓、面目模糊的頭掛在牆上
當我挪動身子時
掛著的頭，竟然也不安的騷動
而當我走向靠牆而立的書架
掛著的頭，竟然腫大得一塌糊塗

我終於跌坐在沙發上
把頭垂落下來
要雙手小心的
暫時捧著

——一九六八年五月七日寫

晨以後

還是整排的樹
還是整排的樹
還是從我的睡眼中朦朧醒來
還是悄悄的走自妳常年攤開的手板
還是略爲嫌得響了些
還是驚動了一條平平坦坦的路
　落慌奔馳而去
還是左右擁抱著腫大如球一般的眼珠
去打開嘴巴尋找下一個哈欠

——一九七八年十一月寫
《笠詩刊》二十八期，一九七八年十二月

復明的眼

看到了嗎？
這燈
這隻手指頭
媽媽的臉
臉上的皺紋
還有這周圍的世界

暫時還是閉起來多休息
別太興奮
別太新奇
這世界不能看得太久

——一九七八年七月八日寫
《藍星詩刊》一九七八年八月

生活文章

嗡嗡繞著身邊轉的蚊子
在小時候並不覺得如何
在大榕樹下聽講古
身邊繞著嗡嗡飛
並不覺得如何
反而天空的星星撒得更多更亮

現在沒有什麼大榕樹
兒女要關在客廳裏讀書寫作業
老爸拿著報紙，眼睛繞著國際大事
陪讀，還要小心注意打蚊子
現在的蚊子大大的有關係
霍亂瘧疾腦炎，都可能帶著

因此半夜裏得突的醒來
因爲聽到蚊子的聲音
得打開大燈
先看一眼熟睡而不會擔心的小女
再看一眼沉睡而無力擔心的妻
我倦意的眼睛再巡向四週
一肚子的火的，找蚊子

——一九七八年六月十四日寫
《笠詩刊》八八期，一九七八年十二月

都市見聞錄

鞋在心上走著
匆忙的禿鷹
腿在手裏提著
沉重的層雲
腳丫子在香港腳的潰爛裡紅腫
欲雨的黃昏

直著身子
鈔票與名片繞著身子飛
呼著風的聲音
橫著身子
鈔票與名片繞著天空飛
呼著風的聲音

管它什麼歲月
身子要緊
身子是轉旋的軸心

——一九七七年十二月廿一日寫
《笠詩刊》八四期，一九七八年四月

下班時的公車

一部公車是一個上帝
這時候哪個上帝將停下來
拯救我
在昏花的盼望裏
一個個的上帝捨我加足馬力而去
丟下的一團團黑煙
是一部部令人感動嗆喉的聖經
我虔誠的接納
細細的嚥讀
眼睛裏淌出淚水

我已知道懺悔
我已知道身載的罪

我的體內已塞滿黑煙
可是哪一位好心的上帝
肯停下來
拯救我
不再捨我而去

——一九七六年六月四日寫
《笠詩刊》八六期，一九七八年十二月

等　水

小女兒夢裏喚著：
水來了。水來了
媽媽也喚：
水來了。水來了
從夢裏慌慌張張的走了出來
老爸爸撐著半眠的眼
死盯著天花板
在聽
午夜後的**心跳**

在**聽**
打開的水龍頭
開始第一滴水滴的滴響

偌大的屋子
把氣全逼住在那
食指大的肚臍眼

——一九七六年六月七日寫
《笠詩刊》七六期，一九七六年十二月

諸如

腳來了
路來了
歲月也來了

齊齊全全的，諸如：
小學六年中學六年大學四年
而後則該懂事

我住的這個新社區
前方有個小市場
右方天主教堂
左方榮民總醫院
齊齊全全的，諸如：

腳來了
路來了
歲月也來了

——一九七二年六月廿四日寫
《龍族詩刊》七期，一九七二年八月

何年何月何日

一棵樹
能有多少葉子
得這般落著
　這般落著
落到秋的盡處

　窗也消瘦
　風也消瘦

一個人
能有多少是處
得這般想著
　這般想著
想到何年何月何日

——一九七二年二月廿三日寫
《龍族詩刊》七期，一九七二年八月

等待伊人

月亮都快落下了
我的眼睛冰凍冰凍的
伊人還沒有來

樹葉都快落下了
我的眼睛冰凍冰凍的
伊人還沒有來

天都快落下了
我的眼睛冰凍冰凍的
伊人還沒有來

——一九七二年元月廿三日寫
《龍族詩刊》六期，一九七二年五月

第三輯　沙烏地阿拉伯手記

吊在樹上的死狼

我的二條後腿被捆起吊在樹上
整個身體下垂
有著向地面俯衝的樣子
死了，但眼睛仍然活著
直直的注視那道身體畫出拖痕的休止點
固執的想再讀下去

死了，竟這般無力
我曾飛踏著咚咚響的土地
在我的鼻尖下起伏呼吸
而我的二隻前蹄卻永遠無力舉起

空洞的長夜裡
從此不再會有我的嗥叫
我的內臟開始腐爛
蛆蟲群生，在腐肉裡蠢動

死了，腦子裡也還在胡思亂想
想著能再有一次引頸長嗥
這回不是仰天，而是俯地
向那我二前腳爪沒能鉤上的
逐漸下沉的土地
在我眼中
逐漸昏黑了的土地

——一九八三年十一月十五日寫

速寫

這裡是不能重踩的
土地永遠是一塊新生的皮膚

這裡的女人是不能碰的
她們從頭到腳包著黑布

這裡的酒就是可口可樂
或者太陽就是酒
男人喜歡窩在牆角醉太陽

這裡的空氣就是祈禱
這裡的時間就是伏地膜拜
這裡的一切都是麥加阿拉的

——一九八二年十一月十日寫

三者之間

一顆太陽在前面領著
一個人在沙漠中走著
後面一群烏鴉跟著

我在自己的鞋裡走著
風在前面領著
影子在後面跟著

一條繩子在鼻前領著
一隻駱駝在時間中走著
一群寂寞在後頭跟著

——一九八二年十一月十日寫

給在異國的自己

別老瞪著月
明月白白一張紙
就是一把鏡
家那麼遠
打那個方向轉
一個樣　白白茫茫　茫茫白白

就是一張紙
就算白蒼蒼的上面
有一些個黑點點的字
字又怎麼樣　讀了又怎麼樣
何況一片片的雲
刷刷的刷過
風正打著緊

此地的月不是月
此地的你不是你

喝酒喝酒

——一九七五年十一月寫
《秋水詩刊》九期，一九七六年一月

第四輯　越戰印象

海，爬不上來

——想那些越南難民船

乏力的
爬不上來的
逃難的
乘船已沉的
海　用額
猛擊著岸岩

因嘶喚太久
已不能語言

瘖啞了的
海
只重複著一種聲音
嘶喚

快溺斃的
髮已半白
青筋暴漲的
海　用額
猛擊著岸岩
爬不上來

——一九八二年八月廿五日寫

連載戰事

——每日讀電視新聞有感

此刻躺在我腳邊的
是昨日吹號要我們衝鋒的人
號角已不知飛到那裏去
嘴唇緊緊的吻著泥土
昨日炮聲硝煙遮蔽的天空
雨已刷洗過
風在這兒停息止步
看我緩慢的移動皮靴

我看到遠處也有一個緩慢移動的人影
接著　兩三個
接著　幾十個
接著　滿山遍野

他們都在昨日被擊斃倒地

在腳邊已殉國了的那個號手
又已站在山尖上
舉起的號角已緊壓在唇上
我曉得以河爲界
前面就是我們的敵人

我已熟悉這種狀況
從被擊斃再爬起
再被擊斃再爬起
我一直複誦著這種狀況
注意的聽號音
然後吶喚的衝去

等雨再把天空洗淨
會是明天
風還會止步停息
看我緩慢的自屍體中爬起
緩慢的移動皮靴

一九八二年六月十五日寫

附錄一

《七十一年詩選》編者按語

張　默

詩人喬林曾於十年前出版詩集「基督的臉」，蕭蕭給他的評語是「詩篇簡短，語句明亮，喬林最好的節奏大部分來自語句重覆」。我以爲這個評語十分公允。十年後作者依舊經常撰寫精短明亮節奏輕快的小詩。而「連載戰事」則是一篇比較特殊的作品，一反作者短簡輕快的風格。本詩不僅深具嘲弄意味，它們像風景片一樣，把戰場一事一物緩緩移進讀者的眼簾，親切熟悉而又悲涼。

——張默主編：《七十一年詩選》（爾雅出版社，一九八三年）

附錄二

《一九八二年台灣詩選》編者按語

李魁賢

以構成主義的手法在詩創作上進行實驗，是《基督的臉》的特徵，也幾乎成為喬林作品的標誌，在以後發表的詩中不時會若隱若現，即使在「連載戰事」中仍留有些微的殘跡。「戰事」之喻為「連載」，當是借用連載小說的名稱，表示長期不斷，甚至予人沒完沒了的印象。從副標題「每日讀電視新聞有感」當可作證，從每日新聞讀連載戰事，適切暗示了戰禍頻仍、無時安寧的世界紛擾狀況。昨天連號手也被擊斃的戰役，顯示慘烈而一切終歸止息的場面，但今天又紛紛聞號音挺身衝鋒陷陣，似乎帶有超現實的意味，實際上是表示了不同的一幕，不過是一再重複而已，有如錄影帶倒退後重放一樣，而這樣一再重複的連載，也表示了戰事之無聊和荒謬，正顯示人的愚昧吧。詩分三段，由昨日、今日、到明日，表示時間變化過程中，歷史一再重演，明日再從屍體中爬起的戰士，倒底算是英勇還是無奈？讓人深思。

——李魁賢主編：《一九八二年台灣詩選》（前衛出版社，一九八三年）

附錄三

〈詩人坊集刊〉合評

蔡文華等

蔡文華

近些年來，世界日益動盪紛亂，到處劍拔弩張，頗有大戰一觸即發之勢，雖少有大規模的戰役，但為了戰略戰術價值而引發的零星戰鬥，則接連不斷，前有兩伊戰爭，英阿福克蘭之役，黎巴嫩的動亂，阿富汗事件，近有薩爾多左派的叛亂，查德的內戰，每日閱報觀視，直聞殺伐之聲奔騰而來，令人有坐立難安之慨，而手持步槍，滿面風塵、惘然形色不知何時流血倒地的士兵，又不免叫你興起皆是人子，戰爭殘酷的感嘆。

作者於標題下，附註：每日讀電視新聞有感，這個「讀」字，用得很絕，很冷冽，戰爭既可「連載」，那麼以「讀」代看或觀，又不免叫你驚心動魄，不知下回分解又是那一種場面，另外，「讀」字能引起一種只有視覺而無聲感的映像，讀罷全首，文字敘述已然化為一幕幕黑白無聲慢動作的影像，在你的腦子裏一一緩緩的推過：硝煙瀰漫的戰場，棄置燃燒著的車輛，「嘴唇緊緊的吻著泥土」不再有鄉愁，不再有愛有恨的士兵，時間彷彿悄悄的靜止了，然後是「站在山尖上」吹著號角的號手，然後是張開嘴吶喊衝鋒的戰士，然後一個個被擊斃倒地，然後再一個個的爬起，再衝鋒。不同的時間，不同的空間，重覆著同樣的戰事，戰事言「連載」

，實是無可奈何，也諷刺至極。

就詩的文字語言描述與引起聯想的意念而言，這首詩是相當成功的，淡淡的語調中，夾雜著無奈的感覺與深藏著極大的憐憫，整首觀來，意象結構均甚完整，首尾相呼應，通首無艱深之處，讀過幾遍也不覺乏味，可說是此詩最大的長處，如果也要在雞蛋裏挑骨頭的話，我以爲第二段起首「我看到遠處也有一個緩慢移動的人影」裏的「我看到」三字似可刪去，這樣或許更精簡些，另外第二段裏的「我曉得以河爲界—前面就是我們的敵人」兩句，也似乎多餘，有畫蛇添足之嫌，當然，這只是個人主觀的看法。

鴻鴻

作者在批判戰爭的愚昧時，並未多花筆墨在描寫實際的情景上，而以表現主義的手法，痛陳自古以來連綿不絕的戰爭。但是在敘述的表層，並沒有透露出怨懟或控訴的情愫，如此，讀者反而更能從中體會到在不斷持續的戰爭壓力下，人類情感的痲木。一次又一次，「我」代表古今所有戰死的靈魂，因沉痛而無言，只是「一直複誦這種狀況」。

作者刻意摒開各種動機與目的，單單集中呈現戰爭本身，予人一種無奈的宿命感。正因抽離了戰爭與死亡之外所有其他的因素，乃使得題材深具永恒性。無論其動機爲何，戰爭的本質從來沒有改變過——永遠是死傷的心靈與肉體，永遠是犧牲了的生命。「連載戰爭」宛如一首悼歌，深切掌握了這場醒不來的夢魘。在從未停止的戰爭中，一批批戰士失去面目的差異，個性也不得不抹滅——他們同樣是戰死的生命。

「從被擊斃再爬起—再被擊斃再爬起」有一種機械性赴死的悲劇感。是堅毅，是盲目，更是巨大的無奈。全詩便建立在這種基調上，從第一段「我緩慢的移動皮靴」到最後一段，才發現前者並不是劫後餘生的人，而是無休止的重複中，一個象徵；而最後一句，又暗示了下一次戰事的肇端——這只不過是長篇連載中的一段而已。此詩尺幅千里，內蘊强韌，我們彷彿看到一群毫無意志的士兵在浪費生命，反省之餘，要問這一再重複的連載戰事，何時才能「全文完」呢？

蔡忠修

詩題下的一行引言：「每日讀電視新聞有感……」，作者從有限電視畫面的那場戰爭，而道盡人類無奈的悲涼。有形的戰爭或無形的戰爭，其實早已充塞世界各個角落，而且每日必發。雖然歷史上告訴我們，戰爭只能帶給人類無窮的禍害，然而殘害的行動並沒有因此而減少或終止。「連載戰事」暴露了人類自私、貪婪與矛盾的心理。

首行激烈的戰爭已經結束，「是昨日吹號要我們衝鋒的人—號角已不知飛到那裏去—嘴唇緊緊的吻著泥土」，其實這位號手乃影射了戰爭背後狂吹暴力主義的獨裁者的死亡，如今躺在廣大墓園裡的，除了那位罪魁禍首的元兇之外，而戰爭的代價，卻也葬盡了更多無辜的戰士與百姓的血淚。

接著作者以略帶超現實意味的手法，連接意象的重疊，這種手法由於並沒有十分的激烈故未造成晦澀感，相反卻提高作品的藝術性，提昇了內涵世界的活動力，足以顯現出作者的功力。「我看到遠處也有一個緩慢移動的人影——……——然後吶喊的衝去」，兩軍對峙而後戰死的人們，死後仍未取得相當的諒解，在冥冥的世界，仍有爭執，仍有戰爭，而且必須再被擊斃，再度爬起衝向敵人的陣地，多麼令人感嘆。

第三段作者藉著雨希望能將髒亂的天空洗淨，然而洗得淨嗎？作者明白這種戰爭將是無止無境的。誠如詩人陌上塵所言：詩對於改革社會雖然是無力的，但卻具備了淨化人性的有利條件。如今歷史一再重演的今日，難道不值得我們深思嗎？

陳 向

以單一而不重疊的意念來貫穿詩，藉著許許多多不同的景像，交相敘述，已成爲近日短詩的主流。喬林的這首「連載戰事」，前兩段可各細分爲三個小單元，每個小單元相互扣緊著相同的單一意念，而連縣成詩。

喬林從每日觀看電視新聞的感覺爲起首，記敘戰事的重覆輪轉，以一種較爲平靜的手法入詩，假藉死必復活，復活必再度衝鋒，衝鋒必再度死亡的狀況，來敘述一種堅決的情操與信念。今日，風停息止步，看著自己從屍體堆中移動皮靴，掙扎爬起，明日，風當然也會再度停息止步，看著自己從復活後的死亡，再度緩慢的移動皮靴，因爲，自己眼中的同志都一個個死而復活，一個個不願屈就於死亡的軀體，而再度衝鋒向前。

題名「連載戰事」，應該可以想見作者從電視新聞之中，感受到爲種族而戰、爲家國而戰。爲自由而戰的鬥士們，一個個前仆後繼，重覆地爲理想奮鬥，或許，對作者來說，他們全都是陌生的臉孔，一個個都相互類似，但他們全都不見前人之死，而願再度以一己之生，作不屈撓的爭戰。作者的感覺是細微的，能夠藉由敏銳的觀察力洞悉事件發生的層面，而以假設的筆法與平靜的心情來刻劃發生在作者眼前的狀況，所給人的感受是相當奇特的。

作者藉由詩中主角目光所見來敘述戰爭景像，立意相當老成，筆法也相當成功，可惜的是題旨未能明暢，讀者乍然見詩，往往未能清楚了解作者所寫為何，所指為何，幸好，明朗清晰的筆觸大致能彌補這方面的缺陷。

曹　澤

基本上我是頂喜歡這首「連載戰事」的。

現代人每日讀電視新聞，覺得「陽光底下無鮮事」的人恐怕是愈來愈多了。一起新的戰事爆發似乎和一齣新的連續劇上演沒有什麼兩樣：縱然主角換新、劇本新寫，但那種註定的模式只消我們閉目即可推演，一種幾近於厭煩與無奈而又機械的感覺便登時擁簇上心：千百年不變的模式難道就命定必須如此重覆演出嗎？這或許就是詩人為什麼用「連載」來形容「戰事」的原因吧！

本詩所營造的意象並不難揣摩，所用的字句也並無艱深費讀的，而其可以觸動讀者的深沉力量則顯然超越「河沒有穿衣服」之類艱澀難懂且無甚意義的驚人詩句。在我們初讀「連載戰事」時，或許不會為這淺白的詩句所吸引，但我們似乎心裏已經有了東西，微微的、緩緩的、漸次的震盪開來。一種激盪，一種共鳴，就在你我心中嗡嗡作響，彷彿詩中的經驗就是你我所曾經歷過的，也許是前生的經驗，也許是來生的命運，更可能就是今生將臨的歷程。你會映現出一片夐遼無雲的大地，沒有草，沒有花，觸目所及只是砲坑彈痕所翻掘的荒土及仆仆偃偃的屍軀，寂靜得駭人，連一絲傷兵的呻吟也沒有，你木然爬起，看著此刻躺在你腳邊的吹號手，沒有發出前進的號角，只是靜靜底偃臥著，不管躺在誰的國土。你心想著，這是一場殲滅戰，敵人全部殲滅，我軍全部陣亡。你這時已是一縷戰士之魂了呀，你只是率先自屍體中爬起，再一次重覆演出這樣的狀況：從「被擊斃再爬起」，再從「再被擊斃再爬起」。待又一次完全的殲滅戰後，明天，風還會止步停息，看你緩慢的自屍體中爬起，緩慢的移動皮靴……

這首詩雖然沒有給我們足供回味的美麗詩句，但它所給予我們心靈的觸動，實已遠超一部戰爭寫實片的震撼。我們寧可拋棄華麗的辭藻來寫一首感動人的詩，但我們絕不可製造驚人而無意義的字句來欺騙讀者說這就是詩。詩人喬林的「連載戰事」同時被選入兩種年度詩選中，誠非偶然，這是值得像我這種從辭藻裏求取「詩句」的「新人」深自檢討的。

牧陽子

以個人膚淺的讀詩經驗，我覺得喬林先生的這首「連載戰事」，表現得相當成功，也相當突出。這首詩無論就取材、意象、表現技巧或韻律節奏上都能令我再三品味。

值得一提的是，作者能夠經由「讀」電視新聞，而引發出詩人「博愛」、「反戰」之入世精神的本質。他所欲以表現的理想世界，正是中國固有之傳統美德，崇尚「自由」、「和平」的民族特性。雖然，戰爭在遠方，好像不干我們的安危與存亡，但是，身為一位處處關注「大我」，時時刻刻在關心「人類生存」的詩人而言，他所要挖掘與探究、抗議與拯救的，大概除了永不停息的戰爭之外，我想，再也找不出更為巨大的東西了。

再則，這首作品給我最大的激盪，就是詩人心中，絲毫未留下一點點矯揉做作的人道主義思想在裡面。他給我們的感覺，就好像一幅活生生的畫面，殺人慘不忍睹，而引發讀者產生悲憫的共鳴情感，而不是直接性的教訓與唾罵，這正是作者成功的表現之處，讓我心折。

〈詩人坊人物專輯②喬林〉《詩人坊集刊二集》（芝柏出版社，一九八二年）

廢墟

我的聲帶已啞
我的面貌已毀
我的軀體已肢離破碎

而這青天
而這大地
只因我燃燒不盡的心
噴向天空的一柱濃煙
保持百般的寂靜

——一九七二年二月卅日寫
《秋水詩刊》六期，一九七五年四月

爆炸事件

奔跑的
那人是炮聲
那人是爆炸後飛起的彈片
那人是揚起的灰塵
那人是綠色套頭毛衣是飄展的長髮
是碎花洋裝

所有的樓房
嚇立在大街旁
都來上那麼一陣冷顫

——一九六九年六月寫
《笠詩刊》三十二期，一九六九年八月

前線

棕色的天空
在整個下午就只管繞著一隻烏鴉
盤旋
鎗聲在子彈帶裡
士兵在臥姿裡
排成一句不太短的衝鋒號
睜等著號兵的唇

測候兵派往103高地
陰霾天出勤到氣象台
叫著瑪麗的少婦
坐在秋天裡綉著春天
士兵在警戒裡
都還沒有回來

第一號狀況和空氣
全止步在野生樹的葉梢
在土製的酒甕裡
那該是上好的高粱陳酒
也許，伍長你那種汗

——一九六九年六月寫
《笠詩刊》三十二期，一九六九年八月

宵禁

只偶而有貓的眼睛
在街衖口喚出一倆個衛兵來
聲音也是頗緊張的
就如日昨
春天的臉在樹枒間
喚你那種調調兒
花色衣衫和素色衣衫
皆明明暗暗的印染著一些炸彈

戰爭在哪家的燈下書寫自傳
伊的臉在第幾面鏡前梳粧

好久好久
一部查哨的吉甫
自一張張睡著了的床駛過
今宵是枚未爆的地雷
可疑的出現在每一處落足的地方

——一九六九年五月寫
《笠詩刊》三十二期，一九六九年八月

轟炸後

誰的孩子
誰的淚
誰的鮮血
誰的胳膊
誰的鞋

好心的瘦小的街道
淒苦的扭曲的打成問號
問向誰

——一九六九年五月
《笠詩刊》三十二期，一九六九年八月

第五輯　野地詩抄

晚　歸

把鋤頭扛在肩上
回頭再看看剛整過的田埂
田埂裡的綠苗
喜躍在昏色染紅了的水波上
滿水潭的魚
這時的風是多麼的舒暢

心裡盤算著今年的收成
么兒到城裡上學
還有那要整修的老大的洞房

不知不覺中家裡的黃狗
已轉前盤後在身邊繞著叫
家裡的門祖開著
老婆已把房子裡的燈打亮了

——一九七四年十一月廿六日寫
《秋水詩刊》五期，一九七五年六月

再說再見

天也冷
地也冷
我眼瞳中的一盆爐火
也已結凍成冰

曠野上
還有二隻互不相讓
的鞋

天也遠
地也遠
不知何時說過再見
不知何時再說再見

——一九七三年十一月寫
《秋水詩刊》一期，一九七四年元月

一屋頂的雨聲

一房頂的雨聲
彈唱著
我自遠而近的跫音
一步一步的
踩過我的身上
也不管這是坐著的姿態
一步一步的
踩過我的心臟

雨歇了
我的跫音將由近而遠
而這房頂也將由近而遠

——一九七三年元月十一日寫
《葡萄園季刊》四十四期，一九七三年四月

難道說我不離去

昨日一聲聲啼
今日一聲聲啼
一隻孤雁
在我的天空裡繞轉不去

難道說我不離去
只是啼音未熟
翅膀未硬

在我的腑臟裡
昨日一聲聲急
今日一聲聲急

——一九七二年六月廿七日寫
《龍族詩刊》七期，一九七二年八月

臨無名谷

前方只有一句您的回聲
後方只有一句您的回聲
左方只有一句您的回聲
右方只有一句您的回聲

您只有一句聲音
四週只有一句聲音

一句聲音
旋即也消失

——一九七二年元月廿五日寫
《龍族詩刊》六期，一九七二年五月

赴伊媽峇山任職

路無意在一步一步中延伸
盡處即是天壁
樹無需跨出一步
負手仰首
風拂綠葉也閑容

吾家印出這張臉
可憐鞋泥千斤重
肩上猶負一行李
有情塵灰
揮汗伴腿走
一樣都是生命

——一九六〇年四月廿四日寫
《新文藝月刊》一七九期，一九七一年二月

谷中雲

雲都回來了
這山谷是牠們的窩
擁擠的交頸憩息
多麼豐美與乖馴
小小的紅鼻 點點的黑蹄
可全被瞞在一片毛白裏
無心去探問牧者是誰
也無心去驚動
山徑上
我輕悄的放足
猶一步步的把足跡掩藏

——一九六〇年四月廿二日寫
《新文藝月刊》一七九期，一九七一年二月

農耕臨雨

迢迢的車壟
自遠山來
誰家的嬌女躲在門縫裏看
原來沒有了個太陽

叫聲小兒穿雨衣
喚罷太太回家收衣裳
春雨也樸實
滴滴落在秧苗上

——一九六〇年四月廿一日寫
《新文藝月刊》一七九期，一九七一年二月

農家

陽光斜倚著半舊的短籬
落日熟透在石階下的柚樹上
門檻外一隻黃狗伏趴著
靜等著鄉人的步履

山從四面起
雲來屋中坐
話說梨的樹
玉米的穗
今來的春雨

——一九六〇年四月廿一日寫
《新文藝月刊》一七九期，一九七一年二月

客居下馬山地薄暮散步有感

溪澗繞著水聲流
暮色起自雙目

群山傾聽
句句的跫音
靜默而專注
路在彎曲處

一二聲叫鳴
三四隻歸雁
暮色裏
幾棵綠葉捧著個茅草屋頂
如是在問著
是誰家舍

——一九六〇四月十九日寫
《新文藝月刊》一七九期，一九七一年二月

穿鞋的姑娘

她穿上了新買的鞋
又脫了下來
又穿上
她脫下了新買的鞋
她的足掌近乎不動的
撫慰著泥土
泥土近乎不動的
撫慰著她的足掌
默默的
對視著

——一九六〇年三月卅日寫
《新文藝月刊》一七九期，一九七一年二月

狩獵

花鹿矢跑過去。泰耶魯的青年矢跑過去。
黑瘦的高山狗矢跑過去。泰耶魯的青年矢跑過去。

我是一靜觀的松樹。

花鹿慌奔過來。泰耶魯的青年慌奔過來。
黑瘦的高山狗慌奔過來。泰耶魯的青年慌奔過來。

松樹凝視著我。

——一九六三年十一月寫
《中國詩友》復刊一期，一九六四年元月

附錄一

「從《基督的臉》看現代詩當前趨勢」摘錄

蕭蕭

這首詩節奏明快，明快之中又有一份沈潛，所以這樣，正由於四個動詞造成的秩序的對等：

矢跑──→慌奔

靜觀──→凝視

這四個動詞，其實只是表現動與靜的兩組，從時間和意義的進展層次來看，矢跑而後慌奔，是一種自然的過程，近乎寫實的行爲，由靜觀而後凝視，雖然也可以說是自然現象，但解釋成詩人爲了表現的需要而給予銳意刻劃，更爲得當，在這首詩中，詩人並非單純描述一件狩獵行爲，而是想冷靜地對這種慌奔的狩獵行爲（僅僅指著泰耶魯青年追逐花鹿嗎？）有所批判，更冷凝些，詩人眞爲了批判嗎？詩人只是很自然地對比著兩組情境，在慌亂與凝視的映照裡，彷佛就有不盡的詩意由此衍生，這首詩，除了從兩對比之中去領會外，還可以注意他的用字，如被追逐的是花鹿，美而馴良，且善於奔走──不是殘暴的虎豹，也非柔順的綿羊，又如：先言「我是一靜觀的杉樹」（靜觀在此作形容詞用），而後說「杉樹凝視著我」——不僅「無所為」的靜觀，在更為急亂的環境裡，演變成「有所為」的凝視，而且由於主格的移換，杉樹與我使得整首詩有了盎然生機，不致於因為重複使用同樣的句式而沈悶而黯淡。

蕭蕭：〈從《基督的臉》看現代詩的當代趨勢〉

《影響月刊》二期，一九七二年二月

附錄二

「評喬林詩集《基督的臉》」摘錄

陳鴻森

這首「狩獵」，用很簡單的構成法則，便把狩獵緊張的追逐（從松樹的寧靜效果對比出來），弱小生命的悲哀表現無遺，而這看似單一的形式的秩序感，卻又含蘊不盡的情感組織的魅力。另一首「夜談三則」也同樣地顯示喬林對詩形式的追求底努力和能力。喬林能突破機械形式追求的束縛，進而卻從機械形式的效果捕捉上，同時得到有機形式的滿足。這種能力，在當時對詩的構成缺乏理性計算的背景，喬林被稱爲「沒有秩序的投手」（註三），毋寧說也是必然的。

陳鴻森：〈評喬林詩集《基督的臉》〉《笠詩刊》五三期，一九七二年十二月

第六輯　異相

風化巷

羞恥邊走邊訴說著雙頰
自著衣的動作中走來
戰爭猶在耳膜進行
花們蝶們猶在床的粉頸上

門牌悄悄走過
而後是新鑿的碑石
而後是杜鵑花的細足

所有的笑堅持著一粉盒的鈴聲
一張張的臉全踐踏成泥
模糊著諸多鞋印
雨季剛過

什麼年紀的風爬在屋脊上
用冰涼的聲音
朗誦著一首肌膚

——一九七〇年六月寫
《作品月刊》二十期，一九九〇年八月

露水

我已從自己溢出
水那般澄澈
夜用止息設防著
在綠葉的嘴唇上
如是遷就一個名字
一支渦流的歌

眼神在杯中
浮起泡沫
糾纏著笨拙的語言
以及微明的呼吸

無需涉過自己
葉中有手伸出
接迎一滴露水

——一九七〇年六月寫
《作品月刊》二十期，一九七〇年八月

欄柵

欄柵企圖阻止繼續滋長的黑影
終於成爲徒然的努力
太陽穴的汗珠
泊泊的解散它的肢體
它必需沉沒在自己所渲染
而擴張的身影里

然則仍要如此重複著
每在午後
一次徒然的努力依舊重演
直到鬆弛的肢體
沉沒在自己所渲染
擴張的身影里
而後再等待一次全然被動的誕生

無可逃避的
如那顆太陽

——一九六〇年四月寫
《桂冠詩刊》四期，一九六〇年六月

異相

——紀念朱橋

你的手垂掛了下來
我的手也垂掛了下來
你的眼睛合了起來
我的眼睛也合了起來

空氣是一隻上好的鋁質箱子
只是我倆被安排的方位有所不同
你是躺著
而我
是豎立著

——一九六九年二月寫
《葡萄園詩刊》二十八期，一九六九年四月

神秘的力量

什麼力量使我這般茁壯與翠綠
植根在我每一走過的地方
從那些遙遠的城鎮
我猶能看見驟至的樹影
親切一如愛語之馳入寂靜

在那一書冊上可以發現
此一力量在我體中的名稱
宛如人們所起的名字
永遠無法吻合每一嬰兒原始的稱號

而它確從我的體中
打開一扇扇的窗
猶自在探首
向我神祕的招手
向我神祕的微笑

——一九六八年八月寫
《新文藝月刊》一五三期，一九六八年十一月

附錄

甚麼是神秘的力量

菩　提

克羅齊說：「詩人死在批評家裏面。」如果這話準確得一如它的內容，那麼全世界的國家都該立條法律：評詩者死。其實，眞正有了這麼條嚇死人的東西並不足怕：頂多你不評，犯不著爲了對詩說幾句閒話而去償命。大不了扭一輩子螺絲釘，掮一輩子鋤頭，夕陽儘管讓他夕陽去，無限好與無限不好，不管咱家油、鹽、柴、米的事，三飽一個倒，仍是自在安閒的事。詩與不詩能當覺睡，還是能當飯吃？

不過，這位克先生仍有逼人欲死的妙論。在他認爲文學並沒有詩、散文、小說等等分別，文學的分別祇有詩與非詩。當然，這是眞理，至少我是深信不疑的。

既然文學祇分詩與非詩，而目前我們又過著詩可以亂評的日子，也就是詩人可被隨便砍殺的日子。那我們精神生活豈不失去了享受詩的福分，或者享受了一堆非詩之詩的膺品？憑陶老頭罰誓，我們不願意有這等日子，不管這位在地下、在書頁、在人們血管裏活了幾千年老先生贊不贊成，這是我們不忍卒想的。因之我們寧可說是寫讀書報告，用不著給自己戴頂大帽子，縱然，它只能嚇跑電桿上的一隻麻雀，也還是讓麻雀在那兒吧！帽子最好摘下來。

子手的嫌疑——今天且讀一讀喬林的「神祕的力量」：

什麼力量使我這般茁壯與翠綠
植根在我每一走過的地方
從那些遙遠的城鎮
我猶能看見驟至的樹影
親切一如愛語之馳入寂靜

在那一書冊上可以發現
此一力量在我體中的名稱
宛如人們所起的名字
永遠無法吻合每一嬰兒原始的稱號

而它確從我的體中
打開一扇扇的窗
猶自在探首
向我神祕的招手
向我神祕的微笑

第一行就用詢問探索的口吻，隱隱約約地扣了題目。說隱約，自然是因爲句中有茁壯與翠綠兩個形容詞。也就因爲這是對植物所專用的詞藻，使詩意離開了「我」和「我們」的這樣的推遠距離，除了能產生「距離美」，更能深刻、剔透的抓住眞實的形象，給人具象的感覺。但，主要的下一句之出現是必須以前一句作開路才能見出力量來的。如果，不是爲了要說：「『植根』在我每一『走』過的地方」前句大可不必用茁壯、翠綠。這兩句詩最能顯示厚度與深度的，就因爲前一句是植物，後一句又動物的『走』過每一地方，而且在每一地方都曾植下根去。

植在每一地方的根，突竟做了些什麼？至少，它是一方面給予，一方面獲取的。給予和獲取的是什麼？到第五句：「親切一如愛語之馳入寂靜」才能看得出來。所以這中間，喬林說：

從那些遙遠的城鎭
我猶能看見驟至的樹影

原因，就是因爲在那些遙遠的城鎭裏他植在那兒的是些「愛根」，所以它可以驟然而至。在這種回想的，與任何一個「走」動過的自我合一的時候，自然應該是親切而寂靜的。況且它是因爲有「愛」的。當然，我武斷的說有愛，是因爲這一句夾著詩人微妙的，使之成爲隱約主題的「一如愛語之馳入」而來。當然你不承認也是正確的，但，對於一個可以使之「茁壯與翠綠」的力量，除了愛還有什麼？然而，原詩卻並不像這樣被支解了之後的那麼難看，他仍然是他自己，是他一段完整而混然一體的五句詩，他仍然可以被有著另一種心境與另一種情愫，甚至造詣與視感的朋友的作另一種看法、讀法、與解法。

第二段開始，用一種似實而實虛的手法把詩的主題和內涵擴大起來。當我們讀第一句時，彷彿已被引入一條壯闊的道路；眼看著就可以獲得正確而實在的答案。但，最後卻是「大而化之」之謂的神聖的東西。當我們讀完它是：

宛如人們所起的名字
永遠無法吻合每一嬰兒原始的稱號

之後，我們甚至可以把前文所說的那神祕的力量是「愛」的解釋與猜度廢棄，而名之爲宇宙間神奇的東西。人，究竟是什麼，誰能知道他自己是誰？也許，我們永遠去追求我們的原始稱號，才是我們眞正的稱號。如果，我們粗淺的借用一些既有的思想和觀念去解釋它，它可以是佛家的「禪」，禪的最好的解釋是「就是這樣」。也可以是基督教義裏三位一體的「神」。當然，更可以是「道可道，非常道」的道。總之，形成整個宇宙，形成「我」的那個力量，並不是名家所能由名字的認定而成的單一的東西。然而，這個始終未被具體起來，類似某種概念的詩句，是非常眞實，而且每個人都可以感受得到；可以意會而不可以言傳的存在在那兒的。

這裏也可以知道詩人所追求的是什麼。「我」、「自我」。自我以內呢？生命的奇異在於他們有蓬勃的意志與奮發的精神。然後去追求這種蓬勃的意志與奮發精神是什麼，又必須用他們的「精神」去追求不可。喬林的這首詩的全部內含就在這裏湮滲、擴張而昇華了。

第三段，仍然在繼續肯定的認知它的存在。也隱隱的把詩的蘊意擲回開始的第一段去。然

而這反擲回去的詩意，卻是換了方位的。第一段所說的是猶能看見它自遙遠的城鎮驟至而來。第三段卻是：他

確從我的體中
打開一扇扇的窗
猶自在探首
向我神祕的招手
向我神祕的微笑

這裏使我們想到的是他「植根在我每一走過的地方」的那個「我」。讓此刻的「我」去心馳神往每一走過的地方，而且，那些原已成爲過去的我，忽然漸漸的擴大起來，以一種令人興奮與喜悅的姿態，招呼他們密切的連接起來。

因之，我們可以套一個俗不可耐的意義；全詩所表現的是一種渾然一體的，敢爲任何一個行爲負責的眞正的生命。雖然，我們不必爲這首詩套上這麼一個使它「死了」的意義。然而，我們讀一首從字面看不出任何說教，或者很「正面」很「明朗」的主題的時候，這樣做該並不爲過。其實，「神祕的力量」所創造的意境，仍然需要我們細細的體會和慢慢的咀嚼，才能感受到它的魅人，與耐人玩味的朦朧美的。他就是那樣的，像我們所知道的一切的力量。

——《新文藝月刊》一五四期，一九六九年元月

非手的圍毆

讓所有的故事們聽吧
那一群樓房湧簇圍毆我的
聲音。或者追殺而來的
海哦。或那躺在床上整個下午說什麼也淌不出血來的聲音

我站著一如爲著一小塊土地的樹
止於立足後的企盼後的瘦長
止於瘦長後黃昏天趺坐在頭上後之矮將下來

我便如是戰爭
越不過那山嶺

——一九六八年八月寫
《笠詩刊》二七期，一九六八年十月

冬晨

當我側轉頭來時
便看見公鷄們正努力的接繼的吹起一顆肥皀泡泡來
冬晨便這般的被那喔喔的吹脹起來。渾圓而清麗而不可碰及

——一九六八年七月寫
《葡萄園詩刊》二十五期，一九六八年九月

靜定的凝視

當你發現我靜定的凝視
我正步向你的途中
二腋由靜默扶持
夜在飄落
一切皆在輕輕的飄落

秘密的呼喚　我愛
無數詫異的眼睛
在空間長成密林　泛成月光
在我的足下綿延
而這是另一大地

猶是回歸的溫暖
點在靜定的凝視的前端
使其爲路
使其爲音樂奔馳

——一九六八年四月寫
《南北笛季刊》四、五期合刊，一九六八年五月
《幼獅文藝》一七九期，一九六八年

夜談三則

1

當大地走到沒有燈火沒有人語的地方，便把我高舉起來，用衣服上的光證明我是唯一的大地
我的嘴便笑裂作潭狀，引誘星子前來汲水

2

當警衛的燈排護送著路上街看戲，我便把渾圓渾圓的月亮高舉起來，讓路找不到街街找不到路
我的嘴便笑裂作爆炸狀，嚇唬星子們驚慌逃亡

3

當黑暗露宿在野地我不眠如其心臟，征塵及戰爭便貓式的以定靜的鎗眼虎視緊張
我的嘴便笑裂作創口狀，引誘星子們前來療傷

——一九六六年十一月寫

附錄

作品欣賞：喬林的作品

錦連

雪

使太郎入睡，太郎的屋頂上降積著雪
使次郎入睡，次郎的屋頂上降積著雪

這是日本詩人三好達治的一首在日本相當膾炙人口的作品。

由於所驅使的語彙過於簡述，而太多數讀者如果認爲它是非常幼稚或未成熟的話，我們便不會去怪他們，因爲他們所需要的不外是一些故事性或一些所謂「詩語」而已。

但是同樣的情形也在詩人方面發生的話，我們就不得不懷疑他的眼光——他對於詩的繪畫性的認識了。

這種簡素而訴於視覺的詩，我們可以在喬林的早期作品「狩獵」一首找到。

花鹿矢跑過去。泰耶魯的青年矢跑過去。

黑瘦的高山狗矢跑過去。泰耶魯的青年矢跑過去。

我是一靜觀的松樹。

花鹿慌奔過來。泰耶魯的青年慌奔過來。
黑瘦的高山狗慌奔過來。泰耶魯的青年慌奔過來。

松樹凝視著我。

（本省籍作家作品選集）

據我們所知，顯然喬林從未受到日本詩的影響，但這期的「夜談三則」即是這一系列的作品。

詩倒底是一種藝術，藝術的成立需靠按配。不講究按配，便是素材的羅列而已，而素材的按配有賴於選擇，選擇的工作即要求詩人去作非常非常困難的自我抑制或自我犧牲。

喬林的「夜談三則」與其說是思想性，倒不如說是繪畫性來得較濃。毫無疑問的，這是出自他的謹慎的按配。

——《笠詩刊》一九期，一九六七年元月

天候

那條黃土路彎曲的力繼的
想把那天空支起
而灰舊蓬布壓下的沉重
叫那棟房屋呆坐著不想什麼

江水搖放小船

一場大雨後的天空是
貼在背後母親痴視的眼睛
還有一些散落的灰髮
因此突然熱烘了起來

小船搖放江水

睡彎了黃土路
睡呆了那棟屋
而唯一的夢境呵！
淌著口水和掛著不落的
淚珠

——一九六六年六月寫
《笠詩刊》十四期，一九六六年八月

擱在黑色破衣上的塔

擱在掠著的黑色破衣上的
那半截塔　在看望著
青空
或鴿鳥　或椰子樹
或腳踏車揚起的紅裙

很多的屋昇有很多的煙
是他
那孩子饒恕的擲棄一隻黃色的跳棋
是他
伏視在屋樑上的花貓豎起的紋尾
是他
王媽晨起咳痰時的靜寂
是他

當被收起掠著的黑色破衣的
那塔便跌坐在地上
跌倒在那潭的舞池上
睹見者是月
或那屋　或那枯木
或冰涼石椅上一對熱戀著的情侶

——一九六五年五月寫
《葡萄園詩刊》十三期，一九六五年七月

破　鞋

路自你的面前走過
接踵的走過
戰車終成爲日子的形象
黑霧霧的
路揹負著它行軍

都成爲匆匆
你的和老年人的
頭皮

假如灰塵是金黃的
稻穀
你坐著噍呑
你睡著覆蓋　埋你成山
都不成爲重要

路自你的面前走過
接踵的走過

——一九六六年二月寫
《笠詩刊》十二期　一九六六年三月

附錄一

《笠詩刊》作品合評

趙天儀等

趙天儀：「路自你的面前走過」，把位置顚倒，而發生出一種力量，因爲本來應該是「你（破鞋）自路的面前走過」。這有如電影的特寫鏡頭，在銀幕上沒有人像，而只映出了腳。

林煥彰：由「破鞋」而想像到「戰車」，愈加强烈。

趙天儀：這種對現實生活的描寫，很强烈，但象徵性可能較少。

明台：這首詩在暗示著現實生活的忙碌，爲生活而奔波的情形。

吳瀛濤：也表達了戰爭的緊張生活。第一節寫得最好，到後半有些鬆懈。

桓夫：到第二節仍是一氣呵成，那種引誘力是很强的，到第三節才眞冷淡下去。「灰塵是金黃的稻穀」比喩不甚妥切。

林煥彰：我覺得很妥當，因灰塵如是稻穀，便可坐著吃等等，不需再奔波。但實際上不是的，所以注定要勞碌。

楓堤：在氣勢上，第三節是較弱，因爲到此產生了回顧的味道，有停頓的感覺。在進程上如能繼續前節，再予加速度的發展，氣勢便更加雄偉。

吳瀛濤：這也是一種詩的破綻。

桓夫：喬林的作品所選取的題材都很自然可喜，沒有造作的痕跡，這是很大的特點。

羅明河：喬林以往的作品，措詞較拙，目前則強多了。

※　※　※

林宗源：第一段較爲新鮮動人。

張明仁：破鞋這個題目給我的感受，應該是淒涼的，被人遺棄的悲哀。然而此詩沒有給我這種感受。

白萩：此詩表現年年戰亂的現代的悲哀，破鞋馱負我們無止境的奔波。鞋之破，是因走過多的路，破而不能換，是因爲時代的貧困與連續，所以作者慨嘆：「假如灰塵是金黃的稻穀，你坐著嚥呑」的自嘲自哀，很能透露我們此時代的心聲。

張明仁：古話有一句：「踏破鐵鞋無覓處」，所以破鞋使人有一種行萬里路追尋的意味，但也可使人回憶起戰爭時期的荒亂。

白萩：第二段在此詩本身來說，沒有強烈的效果，是敗筆。

張明仁：但是「都成爲匆匆」這句還不錯，有一種消逝的感覺。

——《笠詩刊》十二期，一九六六年四月

附錄二

〈漂泊的歌手〉摘錄

周伯乃

讀這首詩的第一句就使我驟然想起古人的「人在橋上走，水流橋不流；人在橋下過，橋流水不流」的境界。喬林不寫鞋子被人穿著走過路，而寫路從鞋子面前走過，這就是他高明之處。「戰爭終成爲日子的形象」，在「七十年代詩選」中是「戰車」，不是「戰爭」，但戰車在這裏根本講不通，所以我擅自改戰「車」爲戰「爭」。如果是戰爭，自然就較有詩意，這可能是暗示人生在漫長的日子裏，是一連串的掙扎、搏鬥。在他一生中可能要面臨到許許多多艱苦的奮鬥，但那些艱苦的奮鬥，終於成爲歲月的軌跡，成爲時間的一種狀貌而已。至於「黑霧霧的」，也許喬林在要求詞彙的創新，但用黑去形容霧並不恰當。第五句倒是很貼切，形容鞋子被路背負著走。

第二段中的「頭皮」太抽象，而且與破鞋也很難令人聯想在一起，「都成爲匆匆」，雖然太概念化，但總算能讓人聯想到人生的腳步太匆忙等等。第三段中以金黃的稻穀去形容灰塵，亦似乎不太恰切。

最後一段重覆路自破鞋面前走過，且接踵走過的意象，這是加强主題的意象語，在詩和音樂上都是經常出現的一種手法，而且效果極佳。

——周伯乃：《自由青年月刊》五一五期，一九七二年七月。

破　球

一仰首
男小主人即輪迴爲自己的血的
筋脈
那是
暴漲青筋的手掌
緊緊的抓住鄉土
而且五指深深的陷入
我痛於聞之的即是
子彈
從左耳貫入
從右耳穿出
於是我

不再跳了
將氣息化爲滿天烏雲的
重量
逼視
曇花忽然整天處處開的
地方

——一九六六年三月寫
《中國新詩》六期，一九六六年五月

破杯

一日間那隻白磁的方杯
突然搖晃爲
凹形的城
黑色瘋狂的外溢

那個男人走了進來
手撫磁白上亂點的
戰馬蹄響
豎起衣領又走了出去
不再回來

那棵枯乾的樹成了
悼念他而倒插的槍　卡賓

——一九六六年四月寫

《中國新詩》六期　一九六六年三月

破船 1

不可記憶的是
被炸開了紫色的血
塗滿魚腥的一條有軍用綁腳布
糾纏著的腿
在沙灘上

陽光公開貝殼的脊紋
補綴魚網的手　以及
餐桌上的魚骸　以及
瞪視的秋陽色的貓眼

破船在秋陽色里暴露著
那日
塗滿魚腥的腿

暴露在貓眼里
便有著一種隱痛

不可記憶的是
那窗打開時探頭的女顏
那被垂吊著的黃昏燈

——一九六五年八月寫
《詩季刊》四期，一九六五年十一月

破船 2

——給湯姆叔叔

天空在那瘦長的椰子樹的
手裡　成為一種沉重的負擔
帝王的銅銹了的
食盤　那等盛裝著的
渴望

分不清的手腳疲憊的
讓那渴求力盡伸出
固住而不癱瘓
曾幾何時　那隻食盤
坐失身上
我是令主憤怒的奴

熱烘的沙灘流為一隻隻
民謠　一隻隻迫身的槍矛
彼等向誰勒索喚話？
極目處何物是城垛？
攤展不出的手掌
是小小的谷　運送彼等的回聲

我是誰子？
血和黎明。

——一九六七年二月寫

附錄

一支憤怒的民歌

林煥彰

有一陣子，喬林寫了一系列以（破）爲題的詩；有「破杯」、「破鞋」、「破球」，以及「破船」（兩首）等，這首是其中之一，題「給湯姆叔叔」。我們不難察覺到，他有多麼的苦悶，激發寫詩，爲一支憤怒的民歌，深深的震撼著我們。對於我們這一代人的命運，我們試聽他在「破鞋」裡怎麼說著：

「路自你的面前走過
接踵的走過
戰車終成爲日子的形象
黑霧霧的
路揹負著它行軍」

像「破鞋」這樣的命運，「假如灰塵是金黃的稻穀，你坐著噍吞」詩人即肯定說「都不成爲重要」的問題。然而現實是一回事，灰塵永遠不可能是金黃的稻穀，我們不能坐吃整個山河，我們必須勇敢的迎接所有可能向我們這一代人走來的坎坷的道路，如迎接最壞的——戰爭。

似乎是一種習慣，我們已有著進一步的要求；欣賞詩，除了以一種直覺的感受去獲取一份莫名的快感之外，我們總想試圖去詮釋它，對於我們想再次欣賞的作品。雖然，我們明知那樣未必能儘如「腳印，有人走過。」的給予確切的詮釋出，隱於文字背後的那等意義。事實上，任誰也很難說個明白，對於一首有著豐厚內蘊的詩，我們只能說說它在我們內心激起了什麼樣的火花。而這，又是因人而異，對作者或原詩，都將是一種猥瀆。但爲著發掘更多的可能，我想，每一首詩，每位作者都會容忍我們做著不同的欣賞吧！

現代詩之不易瞭解，已是一種事實。在詩人，這也是一種苦衷，沒有一個人會說，我寫的詩不要人家知道。詩人寫詩，唯一所考慮的，乃在於如何超越的重大課題；他不僅要超越自己，也要超越前人的作品。這樣的執著與努力，乃形成近代新興藝術的更多彩多姿，與更多的發難。詩是藝術的一種，因此，我們不可能要求它像知識一樣，給我們以一定的範疇和意義。現代詩之引起誤解，實緣自於眾多不同的詩觀的崛起。而詩觀，在詩人既是其作品的詮釋和方法，那麼，讓詩人來表白他的詩觀，和我們以之來欣賞他的詩，我想，那就不再是無的放矢了。

喬林說：「詩是暴露問題的那一裂痕。它給予讀者的快感即居於那驚心動魄的裂痕的袒露。詩人應該具有愛力和抗力的雙重修養。問題發生的背景即詩人所注目中逐漸掙扎提昇的人的意義，而與之俱來的那等愛力抗力的交錯發生」。即是寫詩的動力。由是我們步入他的世界，所有的門都會次第爲我們打開的。而這隻「破船」也就如在沙灘上一樣攤展在你的眼前，流爲一隻隻民歌，那樣親切迫身的槍矛衝刺著你，一種受壓抑的感覺便油然而生。這是何等悲切的[illegible]

向誰勒索喚話？極目處何物是城垛？攤展不出的手掌是小小的谷運送彼等的回聲」的無助。我不知道番林是否也因看了這支片子才寫這首詩？但不管怎樣，我們當可體會到詩人寫詩，用心良苦！

「我是誰子？

血和黎明。」

這樣的吶喊，誰無感動。同樣是人，同樣信仰一個「上帝」，爲什麼不能平等相處？何以「黑人」要爲「白人」所擁有，一如財產；何以「黑人」要爲「白人」所奴隸，不如牛馬？更不幸的，爲何要被白種人所買賣！「我是誰子？」這是多麼的悲痛和無告！

倘若人之上而有「上帝」在，這種悲劇就不應該發生。然而，這是一件多大的諷刺？對著「上帝」。眞叫人爲之創造「白人」而後又提出「黑人」來的愚昧感到羞恥。既然都予人以同樣的形體，爲什麼不能給他們一樣的膚色？爲什麼？爲什麼？千萬種疑問的掛鈎老掛鈎著我。

哦！湯姆，湯姆。你在你的同胞面臨著最後抉擇的時候，你痛苦的唱出了一支憤怒的民歌。「你是天生的領導者」，那個疤臉的壞蛋如是說。對你，所有的讚美沒有比來自壞人的口中更加眞實。湯姆，他是多麼的畏懼你。

唱吧！湯姆。唱出你那支震顫帶怒的民歌。我願爲你痛苦的死默禱，永遠，永遠。

——《青溪月刊》一九六九年二月

秋的樹

在一切都平息了下來的時刻
天空把寵大的身軀藏隱
用半隻月亮的眼冷視
我們暴露射口
力張爲一隻手
欲抓住什麼的形態

幾眨眼之前
幾眨眼之後
我們圓肥
而
消瘦爲長條骨頭的架構
依然是
欲抓住什麼的形態

我們固執於我們的姿勢
努力
高伸高伸高伸高伸
幾眨眼之前幾眨眼之後
我們止步死亡
依然是
欲抓住什麼的形態

——一九六五年十一月寫
《笠詩刊》十一期，一九六六年二月

附錄一

《笠詩刊》作品合評

桓　夫等

桓夫：像「致MH」這樣的副題是不必要的。詩人如果寫詩給某一個人時，他可以這樣題。但是一旦拿出來發表，則是給大衆的，而不只是個人。

楓堤：這一首詩似太重視了技巧，而跡近賣弄。它主要的意象，可以說在第一段便發揮得淋漓盡緻了。而接下去，只是技巧上的變化，還是同一的意象在反覆，並沒有深一層的表現。

趙天儀：這是受到題材的限制吧！因爲近年來寫樹的詩太多了，除非有新創，否則很難寫得好。這一首除了「欲抓住什麼的形態」外，對樹的特性，一種生命向上發展的慾望，沒有表達得很生動。「高伸」這種重疊用法，似乎已是一種習用語，不禁又使我們再度想起「燃燒、燃燒」及「敗壞、敗壞」。不可否認的是，作者對中文的把握有很强的能力。

吳瀛濤：描寫不夠深刻，可以說是普通的作品。

桓夫：除了表現了「欲抓住什麼的形態」外，沒有抓住什麼。

廖春發：我覺得作者的描寫是很切題的。「在一切都平息下來的時刻」是描寫秋天，「天空把龐大的身軀藏隱」，我的知道是陰天，然後一力張爲一隻手，欲抓住什麼的形態」表現了落盡葉子的秋樹，並非死亡，而仍有奮鬥的氣息。

趙天儀：詩的內容，這樣解釋是對的。但重要的是，作者並沒有達到進一步的境界。

吳瀛濤：可以說只表現了慾望，因此有留下空的外殼的感覺。「它，如此看見」的重覆使用，應該是重要的句子，但沒有使人得到是重要角色的感覺。我知道這一首詩的表現是不錯的，但這一句是敗筆。

詹冰：我讀這一首詩的印象是，有一種雕刻的美感。

趙天儀：我想這是喬林的作品。他在追求意象方面，是很有一套的，文字也很活。但在追求意象之餘，仍不易使人獲得很大的滿足。

——《笠詩刊》十一期，一九六六年二月

附錄二

〈漂泊的歌手〉摘錄

周伯乃

透過生命的逼力，「在一切都平息了下來的時刻」，我們就像那秋之樹，我們伸著空茫的雙手，向世界急欲抓住一點什麼，也許什麼都不是的一種形態。在貝克特（Samuel Beckett）的「等待果陀」一劇中，第一幕的序幕拉開時，呈現在觀眾面前的就是一條漫長而又荒漠的鄉村道路，路旁有一棵枯了葉的樹幹，夕陽已經西下了，且慢慢進入了昏暗的景色，男主角之一愛斯特拉公（Estragon），坐在一座小丘上脫他的靴子，他雙手用勁地扯，來回的扯，喘著氣。後來，他的同伴佛拉底米爾（Vladimir）上場。愛斯特拉公對他說：「無聊透了！」

在喬林的「秋的樹」，我們同樣的也感受到了，在一切都平息下來以後的空蕩、孤寂。「天空把龐大的身軀藏隱，用半隻月亮的眼冷視；我們暴露射口。」這幾句詩的意象很美，但太過於曖昧。尤其是第四行「我們暴露射口」，這個「射口」到底意味著什麼？個人的欲望嗎？抑是人類生存的企求？還是個人的秘密？

第二段的意象就比較明朗，從題意上來看，他寫樹木隨著季節的遞嬗，由圓肥（濃茂）變為消瘦（落葉後），但它仍然在企圖抓住一點什麼，也許什麼都沒有抓住。「幾眨眼之前，幾眨眼之後」，這是寫世事的變遷，人生的遞嬗都是在幾眨眼之間。

這首詩多少含有一種存在意識的自我選擇、自我肯定的觀念，如第三段「我們固執於我們的姿勢、努力」。喬林有一封給他的友人親卿的信也提到固執的問題。他說：「人的感情是一任頑固得不能左右，我們便依賴著這種固執而活著，儘管我們不一定的繼續接納快樂和痛苦。一個藝術家無疑的需要此等固執來使其突出及極致。」

我國的讀書人向來講求志節，講求擇善固執，禮記中說：「誠之者，擇善而固執之者也。」這裏所謂「誠」，正是誠於己、誠於言的一種固執，淮南子說：「誠心可以懷遠。」這正是喬林給他友人信中提及的對感情的固執，它是頑固得不能左右的，而一個有血性的人往往就是依賴這種固執而活著。

他詩中所說的固執，除了固執於一己的誠心，一己的愛，同時也是固執於自己的抉擇，正如存在主義者固執於自己的選擇一樣。「努力」讓它成一單行，具有兩種意義，其一是作名詞用，努力成爲人生必經的過程，而且必須固執於自己的努力；其二是作動詞用，我們要努力高伸（昇），換句話說，一個人活著必須努力向上、向四方擴伸自己，一直到死。世間幾乎每一個人都是如此，必須爲自己的活著而努力工作。由於每個人的努力成份不同，也就有了不同的成就的表現，同時由於每個努力的方向不同，也就有了不同的結果。

喬林這首詩所表現的，多少似嫌有點消極，他認爲人生最後依然是一大空無，猶如一個人攀搭天梯，愈往上攀愈發現空無一物。

——周伯乃：〈漂泊的歌手〉《自由青年月刊》五一五期，一九七二年七月

音符

一支樹在那里矗立。
一支鴿從那里騰升。
一朵雲在那里漫步。

這都是在一剎那間發生的事件
　　概括一切；包涵一切；
　並且擯棄一切。

騰然超渡
否定的懷抱自己　又
憐憫的掙除自己
而在睹及另一音符騰升時
卒想哭泣起來的一尊
佛。僅僅如此
而已

——一九六五年四月寫
《笠詩刊》七期，一九六五年六月

173 音符

附錄

《笠詩刊》作品合評

張效愚等

張效愚：照朦朧的說法來看，這首詩是有些象徵派之朦朧，但在詩中，我們只看到有朦朧，但不知寫的是什麼。

林亨泰　這與象徵派之所謂朦朧的寫法不同，就以此音符來說，它所想要表現的已經很清楚，並不朦朧。

張效愚：那麼到底他是寫的什麼呢？

林亨泰：音符就是比喻做一尊佛的一剎那感受，象徵派的朦朧，企圖在「意思」上做到non-sense，但這首詩寫得很確實，並不是朦朧。雖摒棄一切，但其所要表現的，卻很確切地，將作曲家之傾以全幅精神去寫下一個音符的過程完全表現出來，這首詩表現很確實。

王耀錕：這首詩使人有一種回想之感。讀詩是一字字的去解釋，還是看大意呢？

李亨泰：這要看詩的類別而定。

王耀錕：音樂是有時間性的，音符一直過去，不會等你去想，一個個音符去慢慢思考是不行的。

林亨泰：詩是整個全部讀下去而後在心中加以解釋，文字只是媒介而已，根據心象而去分析，我們能猜到什麼，詩能給我們什麼，這是隨讀者的想像力而定，並非靠一字字的意思而定，而刺激想像力的就是好詩，所謂大眾化，應該從培養大眾想像力著手。文學中，比較不用想像力的就是散文，詩與散文的不同，應在於使人刺激想像力之多寡與性質。因此，有好的關於文字的學問，而沒有想像力，是不懂詩的，而且想像力是不能傳授的。現代詩之所以不能立即被瞭解與此有關。

——《笠詩刊》七期，一九六五年六月

配在鬼屋上的窗

守望又非守望
睡眠而又清醒
是在呢喃猶似啞然
呵，這已夠黑了的窗
仍有黑在侵入，在擁擠，在佔領

如果有河穿窗而流
如果有樹穿窗而青
如果是月，就可以遮去一些
　　又露出一些

然而這窗就只配在鬼屋上
如此的張開著　那晚
老私娼的眼睛在小巷顫抖
任黑侵入，任黑擁擠
以及任黑佔領並唾棄

——一九六五年二月寫
《笠詩刊》六期，一九六五年四月十五日

附錄

《笠詩刊》作品合評

楓　堤等

楓堤：這一首的表現方法較新，有現代精神在內。如：
「啊，這已夠黑了的窗，
仍有黑在侵入，在擁擠，在佔領」又如：
「任黑侵入，任黑擁擠
以及任黑佔領並唾棄」
有無可奈何與忿忿的意味。
杜國清：這一首詩有意象派的味道在裡面。
洛　夫：是的，有意象派的味道，只是不夠殷切。
羅　馬：前三句。
「守望又非守望
　睡眠而又清醒
是在呢喃猶似啞然」
有一種秩序的表現。

「如果是月，就可以遮去一些
又露出一些」

雖無表現一點憂愁什麼的，但有一種淡淡的感覺，我很喜歡。它並未加入一種特定的意義，但其技巧及意象本身便是意義。它的表現很是瀟灑。

文曉村：與前二詩全然不同，是主知的。但是詩，是否只單單追求趣味及技巧，就能成爲完美的藝術品呢？

趙天儀：美的字眼，好像要有物象爲其object。實在，美的感覺，只是在追求的過程當中。不需要有一種目的……

文曉村：我的意思不是指目的，就是說僅靠技巧，是否必要？

洛　夫：技巧的完美，就是一種完成。

羅　馬：詩，就在詩本身之中。

杜國清：那麼以此詩與前二詩比較，同樣在美感的追求過程中，爲何會覺得這一首比較好？

文曉村：因爲「千燈」有稍稍的造做，「春廊」抒情較自然，無造做痕跡。

杜國清：我想到，讀「千燈」有如欣賞圖畫，滿眼是山啦、雲啦等等。而此詩卻較乾淨俐落。

羅　馬：因爲圖畫就是適於表現那種飄逸的生活，如在圖畫裡，繪上汽車，則變成什麼樣？

文曉村：不倫不類。

杜國清：但如果有一千人繪上汽車，便不會不倫不類。

羅　馬：此詩明明是描寫空洞黑暗，卻能另加河、樹、月三個意象，表現很好、這種技巧非尋常。

文曉村：河、樹是象徵生命或者什麼的。

趙天儀：那麼河就是象徵時間，樹象徵青春了。（笑）

杜國清：此詩重要的在「窗」，其餘大可不管象徵什麼。

※　※　※

張效愚：用窗的角度來看黑社會的事情，是很有份量的，尤其下面兩行最佳。

「如果有月，就可以遮去一些
　　又露出一些」

許達然：題目倒是很好，有一種窗被逼配在鬼屋上的感覺。

林亨泰：這首詩給人的感覺是有個性。

張效愚：差不多每一段的後兩行都寫得不錯，「黑」可能是一種壓力的象徵，所以一直用了重複的「黑」，這種重複也是一種美，由於它的重複更給人感受到壓力的重量。

林亨泰　這首詩好像奇里哥的畫，不應該有河有樹的地方，他卻畢眞地給它有了河有了樹。但卻有一種詩的意象，自己刻劃出來的一種心象，一種風景。

許達然：第二段更能加深詩人憤怒的感覺。

彭　捷：最後一段寫出了因窗是配在鬼屋上，所以才能與前面的黑配合妥貼，處理上很適切。

陳勝年：「老私娼的眼睛」一句甚佳，它點出了鬼屋上的窗的形象，同時也表現出了黑社會的勢利眼。

林亨泰：在詩的感受上只要能拘出一個東西就可以了。

許達然：把題目的「上」字除掉也許好些，因為這樣可以不使讀者發生錯覺，而且會更明顯地表現出意象來。

林亨泰：這是不必要的，詩最忌習慣化，詩不是靠文字表現出來的。

——《笠詩刊》六期，一九六五年四月

智慧的燈

墨葉似的眼睛
你是我智慧的燈
以一種神靈之姿，招喚著我

凝視你如凝視著一個世界
我猶記起在那裡的樂園
如今在你攝人的眼睛裡發現

墨葉似的眼睛
在你的凝視裡
我如盪在夜波上的一片輕舟
沒有風。沒有浪

凝視你，如凝視著一個音樂的潭
我的呼吸溶解在墨葉上
沒有些微的感覺，我的周圍已溢滿
牛乳與蜜糖

——一九六四年寫

與乎那日

I 日出

當我憤怒的一拳擊穿空氣的朦朧玻璃時，一切便在乒啦的破裂聲中靜止了下來。

一抬頭，便看見世界正仰首憐憫的察視著我流血的傷口。

II 日午

A

汲我吧。擺動在古典的井口光輝的手。

或則汲她。汲他。

儘是揮瘦不了的滴滴水。

B

別再將你那脹滿憤忿的拳頭指向我且繼續伸長。

我已顫抖。
我已喘息。
我已死亡。

III　日落

猛一記，就把我回轉頭來的狂笑擊暈了下來。
一天黑墨。一天星動。
神呵，我是世界。我是嘔吐。
（可是懷孕？）

——一九六三年寫

寫作年表

一九四三

・三月十一日出生。時戰爭末期傳聞美軍將轟炸台灣，故全家為避空襲移居台北縣雙溪鄉下。

一九四六

・遷回基隆市暖暖。

・自幼稚園至小學記憶：國軍自大陸撤退，附設幼稚園之國小校舍改充臨時醫院，不能通行汽車的小街上，每日有傷兵用擔架運來。接著是空氣凝固熾熱進行的清鄉工作。印象深刻。

一九五八

・開始發表詩作。

一九六〇

・四月入中華文藝函授學校詩歌班，批改老師為覃子豪先生。自此開始搜購詩集及相關理論書籍，自行摸索寫詩與認識詩。

一九六一

・瑞芳工業學校高級部土木科畢業。
・在曙光文藝、中國詩友、藍星詩頁、華僑月刊等多種刊物發表詩作。
・入時在台北水源路之文藝協會第一屆新詩研究班。惟僅上三次課即因到宜蘭森林開發處任職而停止。該研究班學員結業後組葡萄園詩社出葡萄園詩季刊。
・至入伍服役止，在森林開發處任職基層工程人員時，皆駐樓蘭山上，工人皆爲大陸來台之退伍軍人，自成一族群。
・認識時任宜蘭青年救國團秘書散文作家張培耕先生，及文教組長朱橋。

一九六三

・在藍星詩頁四八、四九二期合刊上發表以文言體寫作之「風之髮舞」詩作。
・時，發生詩語言問題大論戰，加入者包括各種文類寫作者，戰場包括文星等期刊及中央日報等副刊。「風之髮舞」多次爲王岩、趙天儀等論戰文章舉爲惡例。
・針對論戰，於青年雜誌發表「談詩創作行爲的認識」一文。對於詩藝方法論之多樣試探主張，在海鷗詩頁發表「圖象詩論」。
・業餘主編宜蘭青年救國團發行之青年雜誌學生版，每月一期。青年雜誌共分「青年雜誌」「學生版」「通訊」個別出刊，分由鄧文來、喬林，常常主編，朱橋爲總編輯。

一九六五

・作品「狩獵」「苦悶的象徵」「與乎那日」選入文壇社出版之「本省籍作家「作品選集」第十輯「新詩集」。爲入選各種選集之始。

・參加「笠」詩社爲同仁。

・七月七日入伍服空軍預備士官役，入伍訓練後即入空軍通訊電子學校就讀半年，再分發嘉義機場至五十七年退伍。服役嘉義機場時一如公司上班，擁有個人寢室書桌及高至天花板之書架，甚爲愜意，退伍時運回書近十大箱。

一九六六

・應邀參加由前衛雜誌和創世紀詩社主催，聯合十餘文藝社及詩刊舉辦之「現代藝術季現代詩聯合展」，因送件不及未參加。

・日本詩人高橋喜久晴應本土詩人桓夫之邀訪台，因前有作品日譯在日本登出，高橋特喜，譽爲是意欲表現民族痛苦的詩人，故來台灣特請桓夫約見，回日後並撰文記述。

・獲首屆全國優秀青年詩人獎。

一九六七

・「煙的眼睛」結集未出版。

一九六八

・七月六日退伍，不想繼續土木工程工作，故試改行入基隆蓬萊船務通運公司工作，但仍覺不對頭。其間時任幼獅文藝主編之朱橋，曾邀往擔任編輯，因待遇不高未應允。

一九六九

・十月入榮民工程處任工程司，參與南部橫貫公路新建工程，先後駐台東往大崙山山境之新武呂、下馬二地山胞部落。又一次與榮民共處，上回是業主身份監工，此次是直接領導開山炸石築路，相處更為緊密，因之對於這群時代悲劇下的台灣社會邊緣人，體會甚深。

・「精緻的喟嘆」結集未出版。

一九七〇

・於笠四三期發表「布農族」詩集，一次刊登。

・五月十日與吳雪卿小姐結婚。詩人錦連為介紹人。

一九七一

・與幸牧、林佛光、林忠彥、林煥彰、高上秦、陳芳明、黃榮村、施善繼、蕭蕭、劉玲、景翔、陳伯豪等組龍族詩社，於三月三日出版龍族詩刊。

・四月調台北大直自強隧道施工處。

一九七二

・八月調台北縣石門施工處參與核能一、二廠工程。

・「基督的臉」詩集由林白出版社出版。

一九七三

・八月調沙烏地參與麥加至哈維亞公路新建工程，駐夏都泰府。

一九七四

・因胃出血住泰府費瑟國王紀念醫院治療，於四月調回國內處本部企劃部。

一九八〇

・入選「中華民國現代名人錄」（中國名人傳記中心出版）。

一九八一
・中國市政專校夜間部土木科畢業。

一九八四
・入選國立中央圖書館舉辦「現代詩三十年特展」。

一九八五
・入選國立中央圖書館舉辦「當代文學史科展覽」。

一九八九
・中華民國新詩學會第七屆理事。

一九九〇
・中華民國新詩學會第八屆理事。

一九九三
・「狩獵」詩集由基隆市立文化中心出版。

二〇〇〇
・「布農族詩集」詩集由基隆市立文化中心出版。

二〇〇二
・中英對照「喬林短詩選」由香港銀河出版。

二〇〇四
・七月自榮民工程公司副處長職退休。

二〇〇六
・「文具群及其他」詩集由文史哲出版社出版。